苦海明月

孙启文 著

长江出版传媒 | 长江文艺出版社

图书在版编目（CIP）数据

苦海明月 / 孙启文著. -- 武汉：长江文艺出版社，
2014.11

ISBN 978-7-5354-7463-6

Ⅰ. ①苦… Ⅱ. ①孙… Ⅲ. ①长篇小说－中国－当代
Ⅳ. ①I247.5

中国版本图书馆 CIP 数据核字(2014)第 165331 号

责任编辑：沉 河 谈 骁　　　　　责任校对：陈 琪
封面设计：川 上　　　　　　　　　责任印制：左 怡 包秀洋

出版：　长江出版传媒　长江文艺出版社

地址：武汉市雄楚大街 268 号　　　　邮编：430070
发行：长江文艺出版社
电话：027—87679360
http://www.cjlap.com
印刷：武汉市福成启铭彩色包装印刷有限公司

开本：880 毫米×1230 毫米　　1/32　　印张：7.125　插页：2 页
版次：2014 年 11 月第 1 版　　　　2014 年 11 月第 1 次印刷
字数：126 千字

定价：29.00 元

| 目　录 |

生活是一杯苦酒，只有尝过，才会懂得什么是苦涩。

一、母 亲

母亲静静地躺着，祖父将我抱起来看着母亲说："再好好看看妈妈，记住妈妈的样子。"母亲安详地睡在黑箱子里，脸色苍白，穿一件月白色缀蓝点的上衣，在太阳的照耀下，白晃晃的，异常的亮。

祖父放下我，又抱起妹妹，妹妹大声哭着，伸开双手，要妈妈起来抱。

我刚满三岁，背着手好奇地看着，不知道母亲为什么要睡在门外的箱子里，祖母和外祖母为何坐在门前堆的大石头上哭泣。

这是母亲给我留下的唯一印象。

母爱，人生最纯洁无私的爱，可对我来说，只是一抹记忆。没有了母亲，当时的我，并不明白失去了什么。

我出生在传说中的"七夕"——牛郎织女会面之时，因此祖父给我取名牛夕。出生时祖父说："人都不愿到世上来受罪，哭着喊'不哇、不哇'，是被阎王打青了屁股，硬推到人世上来的。你看，婴儿的屁股为什么都是青的呢？"

父母结婚不久，就遇上"粮食过关"。那时粮食很金贵，父亲买了一个金灿灿的大南瓜，放在箱子上好长时间也舍不得吃，每天只是看看就满足了。过年好不容易积了点米熬稀饭，却被眼睛不好的祖母绊翻了，慌得祖母连忙用手去抹，把手都烫坏了……

因此，三年后才有了我。出生时，姑姑一直趴在窗台上看，直到看见我，她兴奋地拍着手："生了，生了，是个男孩！"我的到来给全家带来了喜悦和希望。

一年半后又有了妹妹，再后来母亲又怀上了，但她仍旧和祖父一起上山种地，家里收获的花生装了满满一棺材。父亲在采石场上班，下班时，经常带一车石头回家，准备将破房子拆了重盖。

家里人劝母亲不要再上山，可母亲闲不住。

有一天母亲在山上不小心摔了一跤，怕父亲生气，不敢告诉他。母亲常常到太婆家帮她洗衣裳，就悄悄告诉了太婆，太婆给了两角钱，叫母亲到医院去检查一下，母亲舍不得，心想都生两个孩子了，还会有什么问题？就买了豆腐，让父亲和我们改善一下。

母亲发作后，发现是难产，被送到附近的人民医院。医生检查，因前置胎盘，引起大出血，需动手术，可人民医院不具备手术条件，要送到几里外的部队医院。父亲和祖父连夜将母亲抬去，鲜血染红了床单，急需输血，喊人已来不及了，父亲是 O 型血，就先抽了四百五十毫升。

街道上随即组织了输血队，连街长也献了血。

父亲在门外听着母亲的惨叫声，心如刀绞。慢慢地听不见母亲的声息，门开了，医生走出来，默默地摇了摇头。

母亲走了，还带走了刚出生的白白胖胖的小弟弟。

父亲如五雷轰顶，昏昏沉沉的，不知道是怎么回的家……

黑箱子抬走了母亲，父亲整天坐在楼板上闷头抽烟，面朝墙壁，一言不发，不理任何人。我拉着他的胳膊喊："爸爸吃饭，爸爸吃饭。"他也一动不动。

不知过了多长时间，他才下楼。他将我和妹妹的脸上抹上一道道锅灰，鼻孔里插上棉絮，用肩膀扛着妹妹，我在后面高兴地跟着，在昏黄的煤油灯下，绕着堂屋一边蹦跳一边唱："奔得个、留得个，奔得个、留得个……"灯火摇晃着，黑烟弯弯地向上盘旋。

祖父说："天塌下来，总得有人撑着。明天我去顶替你们的爸爸上工，养活你们，还要还账，你们在家里好好陪着他。"

祖父发工资的时候，就领着父亲、我和妹妹到餐馆大吃一顿，他说我们需要营养。吃完后，平时就吃不到好吃的了。父亲就炒花生吃，以前棺材里的花生也慢慢被我们吃完了。因此，我们总盼着发工资的日子。

两年后的一天，祖父头缠绷带，被父亲的工友刘叔叔送回来了。

祖父仰着头，露出浮肿的眼睛："倒渣子的车推不动，我将拉绳套在脖子上，结果连人带车摔下十几米的渣子坡，摔得头破血流，幸亏我甩掉了套绳，才捡回一条命。"

父亲正和邻居家的大孩子们一起，在门前弹玻璃珠子。

刘叔叔指着我们说："看看你的老人和孩子，你在家里玩得下去吗？是英雄是好汉，要死就死在塘口上！你这样窝在家里，像个男子汉吗？我都瞧不起你！"

父亲默默地低下了头，刘叔叔经常到家里来劝说他，这回他像是醒悟了，坚定地说："对！要死就死在塘口上，他们将来也还有个依靠，我明天就去上班。"

父亲虽说上了班，但夜晚经常梦见母亲，一梦见母亲他就头痛，痛得上不了班，他就一支接一支地抽烟，烟瘾越来越大。有时饭吃到一半，他满头大汗，放下碗筷，抽完一支烟，再接着吃。

他说母亲太好了，无法忘记她。

他说起和母亲初见的情景：一个穿着长袍、背着褡裢的乡下老头引着母亲来家里，他看母亲又瘦又小，没看中。但母亲太贤惠了，对任何人都好，特别是对他更好，每天将洗脚水端到他的面前，将他服侍得好好的。

邻居老干也总说母亲真是少见的好人，见人总是笑呵呵的，又热情，又大方，特别爱帮助人，要是活着就好了！

老干是老姑娘，一个人独住，说话声音很细弱。

老干总喜欢逗我："你妈呢？"我总说："妈妈睡在箱子里被人抬走了。"

她让我学伯父走路，我将双手一背，两只脚直走直走。她说学得真像，太好笑了！她蒙着嘴笑弯了腰。

二、祖 父

　　父亲上班后，祖父又回家种地。农闲的时候，他就领着我和妹妹到街上捡破烂。

　　祖父生有一双大耳朵。后来一听说"大耳朵百姓"这个词，我就会想起祖父。祖父只想过普通百姓的生活，公私合营的时候，曾祖父分在土产公司工作，后来祖父接了班，他不愿意天天开会，斗来斗去，就辞了工作，上山种地，想过自由自在的日子，没想到没有钱，更无法自由，只好捡破烂。

　　我们捡了一大挑，但我和妹妹都变成了大花脸，祖父害怕回家祖母骂，就将我和妹妹带到大涵洞口。

　　大沟里的水汩汩地流着，祖父一边掬水给我们洗脸，一边念叨："只有人醒水，哪有水醒人？水总比人干净，你看，这一洗，不蛮好看吗？"然后，牵起布衫的一角，将我们的脸揩干净。

　　回家的路上，我和妹妹都赖着不肯走。祖父先背起妹妹走一段，放在屋檐下的台阶上，然后回过身来将破烂挑到妹妹脚下，再回来将我背到妹妹前面的屋檐下，就这样轮流朝前搬。

他说："养鸭人就是这样盘鸭棚，我这也是在盘鸭棚。"

但妹妹和我不一样，到了晚上睡觉就哭闹着要妈妈。鸡蛋、奶粉我想不起是什么滋味，别说没钱，就是有钱也买不到，祖母只能化糖水给妹妹喝，糖还是姑姑托朋友从糖饼桶底刮下来的。那人说妹妹可怜，瘦得皮包骨。

可妹妹还是哭，父亲急了："伢呀，你莫哭，你哭得我心里难受，我跟你说好话，明天我还要上班啊！"

妹妹是哭大的。

祖父见妹妹总是哭闹，就哄妹妹说："小牛早哇，你晚上莫总是哭，我今天带你和哥哥去见你们的妈妈。"

妹妹高兴地跳起来。

祖父将我们带到山上，他指着一排坟中最边上的一座说："那里面就是你们的妈妈，她可享福了，扔下你们不管，一个人在那里睡着。去叫醒她，让她起来和我们一起回家。"

我和妹妹趴在母亲的坟上哈哈大笑。

祖父在地里一边薅草，一边叹息："好人命不长，祸害活千年。你们的妈妈又勤快、又能干、又孝顺，从未跟任何人红过脸，真是天下难找的好媳妇！可惜呀，人算不如天算，家门出此不幸，这都是前世注定的。为人不自在，自在莫为人，老天爷不给你安些橛子，下辈子你还想做人。"

祖父农忙时，妹妹就老跟在我后面，要和我一起玩。

我将稻草绳子系在腰里，另一端系住妹妹，我在前面跑，她在后面跟，我双手前后绕着，口里"呜——"开着火车。

突然，一辆板车从丁字路口的斜坡上横冲下来，我来不及停，钻进了车把下，车轮从我肚子上辗过，我失去了知觉。

白晃晃的，睁开眼一片白的光，模糊中听见年轻女人的哭泣声。是妈妈吗？不可能！肯定是姑姑！我伸开双臂挥舞着："我要姑姑！我要姑姑！"

姑姑紧握着我的手，带着哭音说："别怕，别怕，我在这儿。"

白的房，白的铺盖，到处都白晃晃的，我躺在医院里。医生说我轧弯了一根肋骨，别的没伤到，不会有生命危险。

拉板车的人是送煤球的，他高度近视，戴着厚厚的眼镜，是下放的右派。以前从未拉过车，当时他还不知道轧了人，过路人喊，他才停下来，将我抱到了医院。

祖父闻讯赶来，看我醒过来了，没什么大碍，看那人弓着腰，瘦弱不堪，吓得直抖，眼泪都出来了，就说："你走吧，医药费我们自己想办法。"那人千恩万谢地走了。

祖父说："老天爷保佑，我的孙子福大命大，一千多斤重的板车从肚子上轧过去，大难不死，必有后福。我看他破衣烂衫，也赔不起医药费，都是穷人，得饶人处且饶人，让他走算了。"

住了几天院，实在是闷不过，祖母回家做饭了，病房里就我一个人，我特别想家，就下了床准备回去。走到医院门口，感到头晕目眩，深一脚浅一脚地东倒西歪，无法向前，只好扶着墙根转回来。

伤愈后不久，家里不让我上街，因为隔壁王婆家的姐姐在街上被子弹打伤了腿。我经常和她一起到河里去玩，有一次，我将她的凉鞋藏在沙滩中，最后却怎么也找不到，她哭着回家。望着一望无际的沙滩，我感到很无助，真希望有神仙能显灵，帮我找到那双鞋。

不能上街，我就和妹妹，还有邻家的清梅姐妹在后院里玩过家家。

清梅和我同岁，长得又瘦又高，一双大眼睛很深，却很少笑。我将竹棍绑在一起当板车拖，她将青草装在瓦片上当菜炒。但不久清梅就搬家了，因为她家是地主，下放去了农村。

夜晚，我和祖父一起睡在楼上，没有床，垫絮直接铺在楼板上，旁边是一堆一堆的破烂。睡在破烂旁，我总说身上痒，祖父就一边为我抓痒，一边讲故事。

我最喜欢听的就是孙悟空，火眼金睛，七十二变化，一个筋斗十万八千里，能大能小的金箍棒还能塞在耳朵里，简直太神奇了！我听了一遍又一遍，总是听不够，百听不厌。祖父说我和妹妹是《西游记》里的人参果，说我是吴家的独苗，未来寄托在我的身上。

祖父最爱讲的是牛郎织女，每年"七夕"燕子在银河上搭桥，牛郎织女会一次面。过了那一天，燕子头上的毛都掉了，那是被牛郎踩了的。祖父说，里面的一对小儿女，多像我和妹妹，这么小就见不到妈妈，多可怜！祖父的笑脸僵在那里，声音却有些喑哑。

可我并不觉得我有什么可怜，妈妈对我来说只是一个称呼，我没有具体的印象，我不觉得我缺少什么，我感到很快乐。

祖父还讲嫦娥奔月，嫦娥误吃了后羿的小白丸，慌忙中抱着小白兔升上了月宫，遇见吴刚在不停地砍树，那树砍了长，长了砍，永远也砍不完。

天上一轮明月，上面有人有树，多令人向往！

祖父也讲《封神榜》，隔壁二狗的爹来的时候，他们就讲什么周文王、姜子牙、殷纣王、妲己、烽火台这些，我不太感兴趣，听着听着就睡着了。

这些故事，给我描绘了一个神奇的世界，一个美妙的天空，为我插上了幻想的翅膀。

祖父也给我讲一些文化知识。

有一副上联：

　　鸡饥盗稻童筒赶

一直没有能对出下联。有一个人在客店里，天热一直睡不着，咳嗽声吓跑了梁上的老鼠，他突然想出了下联：

　　鼠暑凉梁客咳惊

再有一个地方，据说人人能对对子，有一个人不相信，就出了一副上联：

宝塔尖尖七层四面八方

　　他在街上逢人就问，但是大家都只摆手不作答，他失望地对最后摆手的一个老头说："都说你们会对对子，我出的对子，怎么全城没一个人会对呢？"

　　老头说："他们都对上了，摆摆手，意思是玉手摇摇五指三长两短。"

　　祖父有时还吟诗：

去年今日此门中，
人面桃花相映红。
人面不知何处去，
桃花依旧笑春风。

　　见不到想见的人，多么遗憾！

　　潜移默化中，我对中国文字更加欣赏，对中国文化更加热爱。

　　早晨醒来，祖父走了，我独自躺在床上，听着远处此起彼伏的锤洋铁的声音，还夹杂着一阵阵的锯木声，我却感到异常的安静。我还不想起床，还想再躺一会。看着从瓦缝中投下的光柱，里面数不清的浮尘在自由自在地飘动，像无数的小虫在飞舞，不知道它要飞向何方。墙上斑驳的痕迹，看着看着，像人物的图像，再看着看着，像一丛花草，睁大眼，仔细一看，只不过是墙上一个斑点。

三、父　亲

在无忧无虑中我长大了，我要上学了！我非常盼望上学。

伯父给我买了新书包，白色蓝边的，上面还有图画，我很喜欢，整天背着空书包走来走去。

报名时，我背着书包，抱着姑姑给我的小桌子、小板凳兴高采烈地一个人去，路很远，我有些拿不动，但一想到能上学，我又浑身充满了劲。到学校看见别的孩子有妈妈陪着，我很羡慕，第一次感到我与别人不同，我没有妈妈，孤零零的一个人。我努力回想妈妈的样子，却怎么也想不起来，只记得妈妈那件耀眼的白褂子。

学校租的是原先煤球厂的房子，很破，窗子连玻璃都没有，里面空荡荡的。一个大院子，全是黑泥地，看得出以前堆过煤。但能有地方上学，我还是特别高兴。

我们学的第一篇课文是毛泽东的《为人民服务》，下课后，班长领着我们，手捧着书，十几个男同学在操场上排成一条长龙，一边快步走，一边朗读，吸引了很多同学的注意，多么威风！

可不久的一场大雨让我们停了课。

头天整整下了一夜，早晨起来，家里冒了水，街上也全是水，我坚持要去上学，父亲因雨不去上班，就送我去。

我穿着短裤，水几乎到了大腿，父亲牵着我，在水中一步一步慢慢地走着，我觉得挺好玩。

父亲说："要好好读书，我这辈子就是吃了没读书的亏。当初我学习成绩还蛮好，学校要我跳了一级，然后就跟不上，再加上班里有一个同学的钢笔丢了，死说是我偷的，我洑不过，就不想上学。后来他的钢笔找到了，我也不想去学校了，小学没毕业就到街道生产队去挑沙。干了几年，武钢来招工，我就去了，因为没有文化转不了正，只好回来当兵，也是运气不好，已经验上了，军装都发了，到县城里复查，说我有大脖子病，被退回来了。这么多年，脖子却从未变粗，可能是吃碘盐的缘故。"

父亲平时话很少，不知道今天怎么说了这么多。肯定是希望我好好读书。

来到学校，操场上堆放的船浮了起来，有几个同学在上面玩。走到窗前，教室里的桌椅全漂起来了。看来课上不成了，只有等水消了再来。

上学后，我不肯和祖父睡在一起，我嫌楼上脏，有异味，父亲就让我和他一起睡。

父亲和祖父都爱上茶馆，只要有空，他们基本上是在茶馆度过。但父亲和祖父从不上同一家茶馆，父亲总是晚饭后去北头茶馆，消除一天的疲劳，排遣夜晚的寂寞。祖父总是一大早去南头茶馆，过完早，喝足茶，然后干一天的营生。我常常跟祖父一起到茶馆去玩，却很少跟父亲一起去。

茶馆里排着很多八仙桌，四周围着条凳，三三两两的人围坐在一起，一边喝茶，一边聊天。祖父话多，声音洪亮，整个茶馆都听得见他的声音。父亲只是静静地坐着，一边喝茶，一边抽烟，听别人聊天。他喜欢喝浓茶，碗里泡开的茶叶，几乎有半碗。

南头茶馆老板是个大个子老头，相貌很吓人，为人却很和气，看见我，会逗几句，有时还会给我一个热烘烘的蒸白薯，祖父说记在他的账上，老板说算了，送给小孙子的。

父亲经常很晚才回来，我孤独地躺在床上，有些害怕，听到外面有脚步声，就盼望是父亲回来了，可脚步声慢慢地从门前走过，我常常在期盼中睡着。

有一次，我睡得迷迷糊糊，父亲回来了，他喊我起来吃油条，说回家的路上，碰见炸油条的，就趁热买了几根，还带回来两根，让我们吃。我闭着眼睛，吃着香喷喷的油条，吃完又倒头接着睡。

父亲病愈后身体还很虚弱，打不动石头，连女工都耻笑他，他很伤心。队长很同情他，教他学铣钎子。父亲决心将这门技术学到手，不能出大力，起码可以靠技术吃饭。

父亲很用心，但铣的钎子总差些火候。

邓师傅是从铁路工厂调过来的，钎子铣得最好。父亲自母亲去世后，烟瘾特别大，抽烟的时候，总给邓师傅敬一支，邓师傅觉得父亲憨厚老实，就将自己的绝招教给了父亲："淬火时，等白火退到韭菜叶那么宽一点时，在水里像蜻蜓点水一样点一下，赶快提起来，插在泥巴中，这样钢火就最好了。"

慢慢地，父亲也成了一流的师傅，工友们都喜欢用他铣的钎子。

家里的日子渐渐好起来，母亲去世时欠的四百元钱也全部还清了，父亲就想着给我们找一个继母。虽然我听了很多关于继母的故事，比如将一碗蚂蟥故意放在灶台上，傍晚打柴回来的继女因饥渴难忍当稀饭喝下去，结果疼痛难忍，父亲想法用母鸡蒸出来——听得人毛骨悚然。

但经常听父亲念叨，不知不觉也产生了好奇，我也想尝尝有妈妈是什么滋味。在我的印象中，从未喊过妈妈，也不记得妈妈的声音，如果有一个人站在面前，能让我甜甜地喊一声"妈妈"，那该多好呀！夜晚我也不会感到孤独。不知道新妈妈会是什么样子。

父亲说有人介绍了一个裁缝，没结过婚，存了不少钱，还说不嫌弃我们兄妹，一定对我们好，但是个麻脸。我和妹妹一听就都不同意，我们一定要找一个漂亮妈妈。

姑姑的同事介绍了一个，说这个人又年轻又漂亮，还有文化，男人判了十年刑，坐牢去了，离婚带两个孩子，在周店磨豆腐，起早贪黑地拿十几元钱，养不活两个孩子，想找个人家。

父亲和姑姑准备星期天去相亲，听说未来的妈妈这么好，我迫不及待地想早点见到她。因为放暑假不上学，我也要跟着去。

四、继　母

　　早晨醒来，天已大亮，我急忙起床，发现父亲已经走了，就连早饭也顾不得吃，找到姑姑家，姑姑也走了，我急忙跑向汽车站。

　　有一辆红色的班车刚刚开走一百多米，屁股后冒起了一片尘雾，我想父亲和姑姑可能就坐在上面。我失望地看着那团尘雾中的汽车，巴不得它突然停下来，可它还是摇摇晃晃地慢慢往前开。我追了十几米，汽车拐弯看不见了。

　　听大人们说周店就在县城的前面一点，对，我一定要去！就是走，也要走到，我太想见未来的妈妈了！

　　我顺着山间起伏的公路往前走，早晨山中清新的空气，让人振奋，我一口气翻过了一座大山。再走了一段，看见路边有一个大湾，前面有一个小湾，我天真地认为这里就是县城，前面就是周店。

　　我走到大湾里，看见只一条小街，街上没有人走动，只有几位大妈在门前坐着聊天，我失望地感到这肯定不是县城，就离开湾子继续往前走。

　　路边有时有三三两两的农人在田间劳作，有时很长的一段路，连一个人影也没有。太阳高高地挂在天上，照耀着大地，晒得我直冒汗。走累了，我就坐在路边的田埂上歇一歇。寂静的旷野上，空无一人，风呼呼地响着，狗尾巴草在风中不停地摇摆，我感到异常的孤独。

我得继续往前走，逢到有人，我就问："同志，请问县城还有多远？"那人停下挖渠的锹，用手指指大路："还在前面。"

"还在前面！"望着前方低垂的夕阳，我又饥又渴，浑身乏力，真的走不动了。但有一个信念支撑着我：一定要走到县城！一定要找到新妈妈的家！

走走停停，直到夜幕即将降临，我才发现前面有一大片房屋，我看到了希望，加快了脚步。

华灯初上，照着熙熙攘攘的人群，在宽阔的街道上，许多人骑着自行车，不用问，这才是真正的县城。

站在三岔路口，我不知道该往哪边走。我问迎面走来的一个瘦瘦高高的年轻人："叔叔，请问周店朝哪边走？"年轻人一愣："这么晚你一个人到周店去干什么？"

"我去找妈妈。"

"找妈妈？你家在哪里？我送你回家。"

"我家在沙河。"

"沙河离这里四十多里，你一个人走来的？"

我点点头。

"周店离这里还有一百多里，天黑了你是走不到的。"

年轻人想了想："这样吧，我送你到公安局。"

年轻人将我交给一个很英俊的公安，公安问我是不是还没有吃饭，我说一天都没有吃。他将我带到单位厨房，叫厨师给我盛了满满一碗饭菜。闻着喷香的饭菜，我狼吞虎咽地吃了起来，虽说都是小菜，可从没感觉到这么好吃。

等我吃完，公安问："吃饱了么？"

我说："吃饱了。"

他掏出笔、本子，问了我的名字、年龄、住址，一边问一边记，还问我为什么一个人跑这么远，我说是来找新妈妈的，他问我新妈妈的名字，我却记不太清楚。我只知道，我将同其他的孩子一样，也会有妈妈了！

厨师说："你看这孩子多可怜！那么小就没了妈，才八岁就饿着肚子走了一天，真不容易！我看，你留下来当儿子算了。"

公安笑呵呵地说："八岁太大了，恐怕养不家。走，我送你去睡觉。"

他把我带到对面的国营旅社，将我交代给一名正打扫卫生的女服务员。这名服务员是个中年人，剪着齐耳的短发，穿一件阴丹士林的蓝布衫。她照看我的吃住，叮嘱我不要到处乱跑，家里会来人接我的。

住了几天，家里仍没有人来接我，服务员说要送我回家。我也盼望着早点回去，新妈妈可能已在家里等着我了。

第二天早晨，服务员换上了崭新的走人家的衣裳。我们坐上汽车，一路上我很兴奋，这是我第一次坐汽车，新奇感让我不觉得蜿蜒山路的颠簸。我来时花了那么长时间的路程，汽车很快就开过去了。望着窗外越来越熟悉的景物，家越来越近了，我感觉越来越亲切，还没有坐够，车就到站了。

回到家，祖母正在做饭，见了我们非常高兴，她对服务员说伯父早晨已去接我了，欠的账他会结的。祖母非常感激服务员，再三留她吃饭，我对她也恋恋不舍，可服务员连坐也没坐就走了。

我走的第二天，居委会朱主任来到家门口说："老婆婆，你家的桶丢了。"

祖母不解地问："么桶呢？"

朱主任说："你家的饭桶——你的小孙子丢了，公安局捡了，现在在城关的国营旅社里。"

祖母这才知道我走丢了，她还以为我跟父亲在一起。父亲和姑姑还没有回来，她就去找伯父将我接回来，伯父直到今天才有空去接我。

新妈妈没有来，父亲和姑姑也没有回，我很失望。

差不多过了一个星期，父亲和姑姑才回来，说是新妈妈也来了，住在媒人家。

夜晚，我和大虎等一群邻里的孩子在医院院子里躲猫猫，其他人都找到了，就是找不到大虎，有人说他藏在放死人的太平间，我们围在外边，谁也不敢进去。

二狗突然从家里来了，他说："牛夕，有人说你的后妈来了。"

我一听，撒腿就往家里跑，我像一只归巢的燕子，急切地奔回家；我像一棵枯干的焦苗，渴望着雨露的滋润。

新妈妈很清瘦，苍白的脸上有淡淡的斑痕，一双忧郁的眼睛定定地盯着摇曳的灯火，并不像想象中的那么漂亮，一条又粗又黑的长辫子，使她显得很年轻。她对着桌子坐着，怀抱着小妹妹一言不发，让人感觉冷冷的，难以亲近。

　　我更喜欢新来的弟弟，他比牛早还小，围着痰兜，大大的脑袋，显得小小的身体像是承不动似的，大大的眼睛、小小的嘴巴，像是动画里的人物，拿着棒棒糖在吃。

　　我坐到桌边，将弟弟抱在腿上玩，根本顾不上姑姑和媒人在讲些什么。

　　媒人领着新妈妈天天来家里吃饭，顿顿好菜好饭像过节似的，家里没有积蓄，渐渐地支撑不住了。

　　新妈妈嫌家里穷、人口多、负担重，不肯答应。

　　祖父说："我还有一个大儿子，在当干部，他有钱，就是身体不好，你看他行不行？"

　　媒人在继母耳边耳语了几句，她们吃完饭起身到媒人家休息去了。

　　父亲上楼来到祖父铺前说："爸，这个女人我看上了，你要帮我。"

　　祖父劝道："听锣听声，听话听音，明显别人嫌你穷，没有那个金刚钻，就不要揽那个瓷器活，你是剃头挑子一头热，不要一棵树上吊死，大丈夫何患无妻？"

　　父亲"扑通"一声跪在楼板上说："爸，不娶回这个女人我就没什么奔头，你一定要救我！"

　　祖父叹息道："这个女人还没来，就差点把我的孙子弄丢了，我看她就是现如今的妲己，是来害你的。忠言逆耳，良药苦口，我说的你不听，这都是前世的冤孽。是福避不开，是祸躲不过，你这样执迷不悟，我只有知其不可而为之。"

祖父天天卖破烂，大鱼大肉招待客人，并找伯父答应将新妈妈的工作和一家人的户口迁过来。

新妈妈终于同意了！

伯父办妥了一切，但他的心受到了伤害，本来他住在单位很少回家，现在几乎不回来了。

神柜上点着两支红蜡烛，照得屋里喜洋洋的。父亲和新妈妈站在堂屋中央，父亲张着口一直笑着，新妈妈低着头，抿着嘴，一点笑容也没有。父亲的同事在闹婚礼，我也在旁边看热闹，他们将新手帕放在新妈妈的后颈下，要父亲从她的后背掏下来……

婚礼的第二天，祖母将借来的邻居的新被子、新枕巾洗干净后，还给了人家。到了晚上，新妈妈得知被子是借来的，惊愕地说："你们家真是穷，我算是瞎了眼！"一家人不敢吱声。

过了几天，新妈妈要求分家："要他们都搭着我们干吗？让两个老的带着两个小的一边去生活。"

父亲哀求道："他们老的老，小的小，怎么单独过日子？我不能让别人指我的脊梁骨！我没什么本事，有的只是憨力，我多下点力，下了班去种菜，减轻家里的负担。"

新妈妈说："不分家也可以，那我赚的钱留着自己花。"

父亲说："生活过苦点，我赚的钱也差不多，你要留就留着。"

我不知道新妈妈的心肠这么硬，刚开始来就嫌弃我们，一直以为她会爱我，会疼我，见了面一口一个妈，可她总是默着脸，从不答应。直至有一天，她仰起头两眼朝天一翻："我是你的么妈呢？我只比你大十四岁，我生不出你这么大的儿子来，莫叫我妈。"

我的心彻底凉了，久久盼来的妈妈却不认我这个儿子，没想到，在这个世界上我成了不受欢迎的人。在此之前，我总是乐呵呵的，从未想过自己会是包袱，我的一腔热情泯灭了，再也不撵着她喊妈了。

当外祖母问我后妈对我好不好时，我说："么妈呢？癞蛤蟆。"

到此时，我才明白，我永远失去了世界上最宝贵的东西——无私的母爱，那是任何人也替代不了的。

继母不做任何家务，只洗她母子三人的衣服，连父亲的衣服也不洗。

时间长了，祖父看不下去，自言自语地说："到我们吴家来这么长时间，见了面像陌路人，从不理我们。横草不拿，直草不拈，洗脸打湿手，吃饭打湿口，一直当客，吃完饭连碗也不洗。当家三年狗也嫌，不当家不知油盐贵。你也该撑撑这个家，不能吃官饭，屙私屎，家不像家。"

继母鄙夷地说："一个么好家，有几多钱等着花呢？"

祖父说："实指望葫芦天也大，哪晓得葫芦结公花！

两家墙的日子，难啦!"

祖母摸着黑，默默地收拾着。

继母结了工资不交一分钱生活费，常常扯卡其布为她和她的两个孩子做新衣服，用光了家里全部布票，还说反正我们也没有钱买布，不用也糟蹋了。

看着弟弟和小妹妹的新衣服，我多么盼望过年也有新衣服穿呀!

王婆还说，看见继母领着弟弟和小妹妹在餐馆里吃肉丝面，还叮嘱他们回家不要说。

王婆长得瘦瘦高高，风风火火，像一个男人，也抽烟，她是一个热心快肠的人。

至此，我已麻木了，我只当从没有过这样的妈妈。

冬天来了，我和妹妹仍穿着笼袄子的外套，旧棉袄又破又小，根本穿不得。妹妹穿着水鞋，实在冻得不得了，就将继母换下的脏袜子，偷偷穿在脚上，放了学赶快脱下来，放在原处，怕继母发现。

我穿着单球鞋，因为鞋小，大脚趾已将鞋头抵开了一个洞，又潮又硬，就像踩在冰冷的地面上，脚冻坏了，又痛又痒，没钱买药。祖母让我到田里拔七棵谷蔸，洗净后，同红辣椒一起煮开烫脚，才不觉得痛痒。

附近医院，祖父总叫它天主堂，里面的法国梧桐落下了阔大的树叶，我和妹妹用篮子抬了一担又一担，装了满满一厨房，祖母做饭，我烧火，一阵阵火焰喷出来，我感到了阵阵温暖。童年中，这也许是上帝赐给我的唯一礼物。

继母来后，我同祖母、妹妹睡在一起。

每天晚饭后，继母将炉子提到她的卧室去，插上房门，和弟弟、小妹妹一起在里面烤火。我缩在堂屋的门角落里，堂屋大门整面都是破旧的木板门，到处是缝隙，冷风直往里灌，北风将地面刮得惨白，电线"呜呜"地叫着，冷得像没穿裤子一样，我永远也不会忘记这种刻骨铭心的寒。

我看着紧闭的房门，感觉有一堵墙横亘在我们之间，有形的，是这扇门；无形的，是心灵的隔膜。

我缩着脖子，真冷啊！但更冷的是孤独的心！

冷风敲开了大门，随着冷风进来的是居委会朱主任，她送来了救济衣，我是一套蓝色的棉衣裤，妹妹是一套红色带小黄花的棉衣裤，这简直是雪中送炭，我们太高兴了！接过尚带着体温的棉衣，我立马穿在身上，虽说有点大，却感到非常的暖和。

我终于又熬过来了，见到了春天里的第一缕阳光，我像冬眠后的小动物，又恢复了昔日的顽皮。

继母在我和弟弟之间竖了一道无形的屏障，就像孙悟空用金箍棒画的圈，妖怪无法碰。但我不是妖怪，既然弟弟总不搭理我，我就故意逗弄他。

我画了一幅漫画：一个小嘴巴的德国军官，电影《伏击战》中的基皮尔先生。

我递给弟弟说："这就是你，鸡屁眼（基皮尔）先生。"

弟弟看过漫画后，气得直哭，追着我打。我一边逗他，一边躲到楼梯间。弟弟追到楼梯间，突然抓起一把煤灰，撒向我的脸。我的眼睛被煤灰眯了，正在擦眼睛的时候，继母回家了，看见弟弟在哭，冲上前，当胸推了我几掌，恶狠狠地质问："你为什么打他？"

我委屈地哭着说："我没有打他，不信你问他，他还撒我一脸煤。"

弟弟说："他叫我鸡屁眼！"

继母说："你不晓得叫他鸭屁眼。"

长久的愤怒涌上心头，我抄起扁担，不顾一切地要和继母拼命，继母双手抓住扁担，也许看见我满脸黑灰，并没有用力夺下，我们僵持了一会，我冷静下来，慢慢松开了扁担。

随后，我顾不得委屈，只有担心，我这是不是祖父所说的"犯上作乱"？我害怕继母晚上告诉父亲，那么父亲肯定不会饶过我，一顿打跑不脱。

父亲生着一双大眼睛，祖父说他是"鼓眼睛将军"，只要他眼睛朝我一瞪，我就噤若寒蝉。父亲以前很少打我，继母来后，只要稍不顺眼，他就凿我的暴栗子，打得我眼冒金星。

现在我非常后悔，吓得不敢回家，不知道我当时为什么敢这么做。我的焦虑和担忧远大于身体的疼痛。

不知为什么，父亲回家后，继母并没有告诉他。此时，我对继母简直是心存感激了，我为自己的顽劣付出了代价。

这是继母唯一一次打我，说实在话，她在肉体上并没有直接折磨我，但她对我的嫌弃与漠视比打我还难受。

有一次，她和隔壁的李姨在一起织毛衣。李姨还没结婚，年轻漂亮，继母常和她一起比着打扮，一起讨论电影《卖花姑娘》的歌词。我进门听到她们说我是垫窝，我不明白是什么意思，但肯定不是什么好话。我到房里问她们："垫窝是什么意思？你们为什么说我是垫窝？"她们都不承认这样说过。

后来我才知道，垫窝是一窝猪中最后出生的一个，又瘦又小。从此，我知道了继母从里到外都讨厌我。

我不知道怎样才能得到继母的欢心，这无形中使我日后非常注重别人的评价，特别是来自异性的目光。

五、偷 窃

放了学，我不想回到冰冷的家，总在外面同邻里的孩子一起玩。我们躲猫猫、摔跤、跳绳、踢房子、弹珠子、打炮筒、打烟分、劈甘蔗……什么流行玩什么。

大虎比我大两岁，长得很结实，二狗比我大一岁，瘦瘦的。大虎带着我们一起到电影院的院子里玩，没想到院子里正在卸甘蔗，一种很粗的青甘蔗。

我们正流行劈甘蔗，见了甘蔗，大虎悄悄对我们说："你们趁卸甘蔗的人不注意，偷偷拿三根甘蔗从后围墙上递出来，我在那边接。"

大虎先出去了，我还没反应过来，二狗瞅准机会，抽了两根顺着树丛中的夹道向后面溜去。其实我并不想吃甘蔗，但看见二狗拖了两根，我也不肯落后，不由自主地上前抽了一根，弓着身跟着二狗慌忙朝前追。在树林的掩护下，我们将甘蔗丢过了围墙，又返身从大门口故作镇定地走出来，其实，我的心一直怦怦跳着。

大虎坐在围墙外远远的田埂上，眼望着远处的几间平房，悄声对我们说："门前纺线的那个女人认识我，我不能去，你们去一个人把甘蔗拿过来。"

二狗望着我，我望着他，面面相觑，谁都不敢过去，看着横躺在田沟的甘蔗，我们怏怏地离开了，在忐忑不安中我回了家。

下午无事。

吃晚饭的时候，二狗的爹端着碗到我家来串门。二狗爹个子不高，像二狗一样瘦，额上头发稀少，梳得服服帖帖。

我正在门前吃饭，他平时见了我，总笑着喊："吴少爷"，我不太懂是什么意思，隐约觉得是恭维中带着取笑，只能傻乎乎地笑一笑。

这次，他径直蹲在我家门前的石板路上，高声对坐在桌子边吃饭的父亲说："二狗和牛夕跟大虎一起去偷甘蔗，被河沟的郑大妈发现了，她将甘蔗送到了居委会，现在贴上他们三个的名字，吊在屋顶上，让大家都知道他们是小偷。"

一听此话，我又羞又怕，也顾不得饭没吃完，赶快将碗筷搁在窗台上，弓着身溜开了。

我太后悔了，稀里糊涂就成了小偷，现在街道上的人都知道了，都会以异样的眼光看着我，如果再传到学校，老师和同学们知道了，那就彻底完了。

我既害怕父亲的暴打，又担忧同学们鄙夷的目光，我在害怕中煎熬，在担忧中徘徊。我想躲过父亲的这顿打，直到夜很深了，家里的灯已熄了很久，我想父亲可能已睡熟了，就悄悄地推开门，蹑手蹑脚地准备去睡觉，没想到父亲拉开房门，一声断喝："你还晓得回来呀？"我吓得赶紧钻进祖母房里的坛子角落里，但还是被父亲揪了出来，提到堂屋。

他抻开我的手，用长满老茧的手捉住，另一只手像铁一般，一下一下砸下来，边打边问："你还偷不偷？你还偷不偷……"我扯开喉咙号哭："不偷了！不偷了！"手已被打麻木了，不知道疼痛，恐惧压过了疼痛，更难受的是心中的羞愧。

祖母起床默默地将我拉开，护着我去睡觉，父亲生气地说："就你惯着他！"

楼上的祖父弥补了父亲的缺失："我们吴家从来不偷别人的东西，饿死不做贼，宁可人负我，不可我负人。想当年，老祖宗依祖幺爹家有二十担田、独塘四堰，总是做好事，别人扯皮，找他去调解，调停不了，他就将自己的田划一块给别人，息事宁人，最后死的时候穷得叮当响，打盆米出葬。祖太婆带着你的太爹外出讨饭，到山北落籍。太爹虽不识字，不会打算盘，但他记性特别好，会心算，就到沙河做生意，几十挑货他能算得一分不差。也该他鸿运当头，慢慢做发了，在街上买了房子，我们现在住的就是其中之一，别看现在破败了，在当时，可是气派得很。凡人不可貌相，海水不可斗量，莫看我现在像讨饭的，小时候我可是长工背着去上学的。什么人参燕窝我都吃过，灯红酒绿我都见过，长袍马褂我也穿过。省城的客人来一桌接一桌，吃一桌推一桌，整天像开流水席。创业艰难，守成不易，我现在响应号召，上山开荒种地，捡废品变废为宝，粗茶淡饭地过日子，再穷我也不干害人的勾当，连走路都怕踩死蚂蚁，更不占别人的小便宜。为人要做到'富贵不能淫，贫贱不能移，威武不能屈'。要行得正，坐得端。人不可有傲气，但不可无傲骨，人穷志不短，穷不倒志，富不癫狂。响鼓不用重锤敲，慢慢你会明白的……"

听着似懂非懂的话，心上的一块石头终于落了地，我倒觉得轻松了许多，不知不觉进入了梦乡。

第二天，提心吊胆去上学，生怕街道上告诉了学校，但一天过去了，学校没任何动静，这才放下心来。

回到家，祖父又给我讲了吃奶的故事：

从前，有一个小孩在邻居家偷了一只鸡蛋，天热，衣服穿得太少，没地方藏，他就夹在腿窝里单腿跳着回家，他妈夸奖他好聪明。

从小偷针，长大偷金。他长大了成为江洋大盗，后被捉住，五花大绑，砍头时，他妈来送他，他要吃口奶。他妈问："你这么大怎么还要吃奶呢？"他说："我想回忆一下从小的时光，那时候该多好啊！"他妈给奶他吃，他一口咬掉了，说："就是你从小害了我，如果你当初教育我，就不会有今天。"

祖父接着发挥道："人看从小，马看蹄爪，从小就能看出一个人长大了有没有出息。物必先腐也，而后虫生之。近朱者赤，近墨者黑。你不能总是散马无笼头，天马行空地到处乱跑，要收心做正事。君子固穷，达则兼济天下，穷则独善其身。你不是朽木不可雕也，从现在改还来得及。"

过了几天，大虎的妈看见我说："谁看见我家大虎去偷甘蔗了？放他妈狗屁！那个女人净瞎说。"我不敢应声，但从此不敢同大虎在一起玩了。

这件事让我受到了很深刻的教育，人不能不劳而获，那样获取的东西不会带来快乐，只有通过正当的劳动，才能获得大家的认可，才会使家人放心和接受。

不在外面玩，我就在家里玩。

我将祖父拣来的五六节废电池用报纸卷起来，接上电线和小灯泡，做成手电筒，用毛笔在白纸上画上各种人物、动物，投射到白墙上，一张一张轮流着放，还配上解说，号召邻里的孩子来看，用一张白纸充当电影票。

我还在后面院子挖了一小块地，跟祖父要来种子，种上扁豆，天天浇水，蹲在旁边盼着它赶快发芽。过几天，它长出了嫩绿的芽，最开始是两瓣叶，慢慢越长越多，越长越高，最后爬满了整个山坡，结了许多扁豆，我非常惊奇，也非常快乐，我和祖母一起摘下来，腌泡酸菜。劳动换来的收获，我感到非常甜美。

六、祖　母

继母厌恶我，我才明白祖母是真心疼我，我越来越感到离不开祖母，如果回家看不到祖母，我会非常失望。

祖母是曾祖父落籍山北时，为祖父娶的，小脚、清瘦、话很少。她过去的事我是听父亲和姑姑讲才知道的，她从来不跟我们讲多余的话，总是默默地在做事。我不知道祖母年轻时的样子，我熟悉的祖母已满脸皱纹，头发花白，牙齿也掉了几颗，眼睛已分不清黑白。她的眼睛是家道败落时，月子里炒花生卖，烟子薰坏的，因此只有微弱的视觉。她摸索着为我们买米、买菜、洗衣、做饭，她是我的依恋，放了学，只要看见祖母在家，我就放心了，会有热饭等着我。有时，早晨起来晚了，来不及吃早饭又没有钱过早，空着肚子上半天学，回家饭没熟，不管什么原因，就会哭闹着摔柜门，祖父说我在发"牛脾气"，慌得祖母颠着小脚忙进忙出。

小时候我爱到处跑，祖母到河里洗衣裳，听人说街上有小孩被车撞了，慌忙将衣服收在篓子里，有一件被水冲走了，也顾不得捞，挎着篓子往家里赶，直到看见我才放心。

祖母除为我们洗衣外，还接了份活——为伯父的同事，一位单身汉洗衣裳，每洗一次一角钱，洗干净后，由我送去。他住在电影院，接过衣服，他会让我进去看电影，看完后，我再将脏衣服带回来。因此，我看了很多好看的电影，比如《地道战》、《地雷战》、《宁死不屈》、《多瑙河之波》等。其中，《多瑙河之波》有一句非常经典的台词："我要把你扔到河里去！"我们模仿了好长时间。

　　我自小患有气管炎，到了冬天就咳个不停，出气时，胸腔里呼呼直响，睡着了，一丝丝的响声，让祖母心焦难眠，但没钱去医院，祖母无能为力，她买来一只梨切成两半蒸好，让我吃了止咳。

　　听说河南来的医疗队免费治疗，我独自一人找到他们驻扎的防疫站，他们在我的胸口安了一根细丝，没任何疼痛，我多年的顽疾就治好了。

　　家里人口多，钱经常用不到头，祖母常常借钱买米，每次买十斤、二十斤，有时借的钱少，只能买五斤。因此，别人家每年只用一本供应本，我家却要用三本。每次买米，祖母将米袋子搂在腰间搂回来。供应本就是性命本，可有一天出了大事，供应本不见了！

　　早晨起来，祖母准备去买米，可到处找不到供应本，急得脸煞白，不得已只得告诉正准备去上班的父亲。父亲连班也顾不得上，帮忙到处找，还是找不到。

　　父亲急得带哭腔说："这下好，黑市米买不起，你连个供应本都藏不好，都饿死算了！"

祖母吓得用颤抖的双手到处乱摸，我也起床到处找。眼看要闹出人命，隔壁矮胖的张妈过来在米坛子里找到了供应本，大家这才松了一口气。

张妈走后，父亲叮嘱祖母："张妈一家吃黑市，很困难。我在坛子里摸了几遍都没找到，她怎么能一下子找到呢？也是饿急了没办法，以后你一定要藏好，可不能再丢了！"

有时候，钱借不到，就直接借米，祖母拿着升子去借米，邻居叫祖母自己勺，祖母勺满一升，用手一抹，平平的一升子。还的时候，经常叫我去还，堆得满满的一升子，我双手捧着，慢慢走向邻居家，害怕米洒下来。邻居高兴地说："哟，瞧你还这么多！"我说："婆婆叫我还的，谢谢你！"邻居高兴，我也高兴。

别人并不在乎多还这么一点，主要还是同情我们的处境，但只有这样，祖母才觉得心安一点，下一次也才好张口。

春天来了，祖母捉了一群鸭子，是放剪子的人放的。我问祖母什么是放剪子。祖母说："放剪子就是养鸭子的外地人春天将小鸭子赊给人喂养，到冬天等鸭子长大了再来收钱，母鸭要钱，公鸭不要钱。"

看着一只只黄茸茸的小鸭"嘎嘎"地叫着，真可爱！现在，小鸭子黄茸茸的毛染上了黑色，正是长个的时候，光吃青菜是不行的。

我到河沟的沟里挖来蚯蚓，回家往地下一撒，小鸭子争先恐后地抢着吃，有的伸着脖子往下吞，有的摇着尾巴在地上嗫。我走到哪里，它们就跟到哪里，我俨然成了重要人物。

农忙的时候，祖母要帮忙割麦子、摘棉花、扯芝麻、挖花生，我和妹妹也嚷着要去。

祖父对妹妹说："前三十年睡不醒，后三十年睡不着。你现在正是享福的时候，天这么热，你就在家里睡觉不好吗？"

妹妹说："我享不到福。"

刚开始，我和妹妹蛮有兴致地扯花生。渐渐地，太阳升起来了，祖父指着太阳说："你们就像早晨八九点钟的太阳，希望寄托在你们身上。你们现在正是人生的好光阴。"

看着天上亮亮的、圆圆的太阳，我倒希望赶快长大。

慢慢地，太阳晒起来，我感到口干舌燥，浑身乏力，就不想干了，我和妹妹一起，躲在路边的一棵桃树下。

祖父一边干一边说："'天将降大任于斯人也，必先苦其心志，劳其筋骨，饿其体肤，空乏其身，行拂乱其所为，所以动心忍性，曾益其所不能。'你们是鸡公头上一点热，干什么事只有三分钟的热度。别人都叫我程咬金，打不死的程咬金，人就是要有耐性。粮食都是汗水换来的，劳动治百病。"

祖母在地里顶着阳光，默默地干着。

收获的麦子常常堆满堂屋，祖母将麦子一点点地抱到门前晒，用阳叉翻，晒干后，用连杆打，打不动就用棒槌捶。我觉得连杆挺好玩，举着打，打几下就打不动了。麦粒打干净后，就将麦草垛起来，留着当柴烧。祖母用簸箕扬尘，然后倒在团匾里，让我们将石子摘干净。

祖母将麦子拿去磨成面，吃着汗水换来的带阳光味的粮食，感到特别的香甜。

我们几个正长身体，粮食总是不够吃，秋天搭着种红薯吃，我们不懂事，总是多吃米饭，少吃红薯，最后只剩下红薯祖母吃了。种的南瓜，着盐的当菜，不着盐的当饭，也主要是祖母和父亲吃了。

到了冬天，祖母将栽种的萝卜切成丁，同大米拌在一起蒸，叫"相饭"。揭开锅，满腔青气，真是难以下咽，但又无法挑拣，慢慢吞吞地强咽下去，吃得肚子胀气，却不管饱。

祖父说："男人吃饭如吼，女人吃饭如数。男人吃饭就得呼啦呼啦风卷残云，一口气吃干净。"

我抱怨祖母不该这样蒸饭。

父亲说："别调皮，有吃的就不错，这都是正经粮食，过去还想不到呢！"

家里很少吃肉，除过年外，平时几乎吃不到猪肉，肉票主要用来买猪油，就是买肉，也是越肥越好。

每次天不亮，祖母就要去排队，冬天在寒风中站几个小时，才能买到。有时排到窗口，还被别人挤开，开不到票，东西卖完了。

祖母回家告诉父亲，再买不到，肉票就要过期。

父亲上班路远，买肉来不及上班，就跟继母商量，让继母去买。祖母先去排队，天亮后，继母去接班，终于挤到了肉。

继母开心地说："好多人啊！挤死了。"我高兴她终于肯为家庭出力了，但她又说："我指着那块肉让屠夫砍，屠夫突然砍下来，差一点就将我的手砍掉了！我再也不去割肉了。"我由欣喜变为失望。

有一次，祖母好不容易遇到了不要票的大肠，但一副大肠要四元钱，不零卖，祖母手里只有两元钱，正在为难之际，旁边的一位妇人说："我俩合伙买一副，你把钱给我，我来开票。"

祖母站在边上，左等右等不见那妇人出来，开票窗口找不到，就进到店里，在几个肉案前找，人多祖母眼又不好，找了两个小时，还是不见那人踪影，祖母失望地回家了，还不敢告诉父亲，怕父亲生气。

我最失落的是中午回家见不到祖母，只有饭菜热在锅中。

祖母告诉我，她到外贸公司去摘蒜头，一天能挣好几角钱。

到了星期天，我和妹妹同祖母一起去。

一个大仓库里，很多人都在摘蒜头，将大蒜头摘出来，用剪子剪掉须子，装在筐子里。

我剪了一会，手一下就起了泡，只好让祖母剪，我和妹妹负责挑。

到了中午，祖母叫我们先回家吃饭。

我说："你怎么办？"

祖母说："这里离家蛮远，我走得慢，来回耽误时间，中午总不吃。有一次，你大伯以前的童养媳，在这里碰到我，知道我没吃饭，就送了一碗给我吃。"

有时候我们还剥蒜头，将蒜衣全部剥开，剥累了，我和妹妹将蒜衣剪成毽，比赛踢。

同祖母在一起，我尝到了生活的艰辛，体会到收获的乐趣，感觉到亲人的温暖，也明白了什么是血脉亲情。

七、伯　父

在煤球厂的学校待了半年，我们回到了母校。

母校依山而筑，是由寺庙改建而成的，古老的瓦缝中长着一排排瓦菲，在微风的吹拂下，轻轻摇摆。

三年级报名的时候，由于家庭困难，学校免了我和妹妹的学杂费，但书本费还需两元钱，可家里拿不出来。

祖父说："去找你大伯要，他有钱，人家说他在银行存了几千大洋，却从来不给我用。"

我抱着一线希望，来到电影院宿舍，他正要出门。

我说："大伯，给钱我报名。"

伯父厌恶地说："没有，回去。"

伯父朝外走，我在后面跟着，一边走一边带着哭腔不停地哀求："大伯给钱我报名！大伯给钱我报名……"一直跟了一条街。伯父一言不发，径直在前面走着，一直到了针织社门口，他才停下来，转身对我说："回去，我有事，别跟着我。"说完，头也不回地走进针织社大门。

我目送着伯父，失望地看着他的背影慢慢消失，握紧了小拳头。

报名剩下最后一天了。

回到屋我号啕大哭："我要上学！我要上学……"

祖母默默无言，躲在房里难过。

祖父笑着哄我说："好了，好了，别哭，我来想办法。"

祖父捡的废品值不了这么多钱，他将他的旧垫絮抱了下来。

他说："这床垫絮破了，我卖了你报名，到下半年种的棉花出来我再打一床。"

我拿到祖父给的两元钱，兴高采烈地去报名，剩下的钱，祖父买了酒喝。

他说："纵有良田万顷，不如一技傍身。耕读传家久，读书济世长。不读书是睁眼瞎，再穷也不能不读书。"他直接将床单垫在楼板上睡。

这次惊吓，让我知道了我跟别人不一样，想读书不容易，我得好好学习。

父亲说，伯父很悭，连自己也舍不得吃喝，以前的童养媳去看他，他总是煮豆丝吃，童养媳吃不饱，解除了婚约。他穿的袜子总是补了又补，实在是补不了，才扔掉。

大家都说我千万别向伯父学习，否则，长大了也说不到媳妇。

父亲说："你大伯是穷怕了，小时候他和我一起抬粪，他在后面，我在前面，上坡时，粪水溅出来，洒在他的身上，他哭着说，这哪是人过的日子？因此，发愤读书，考上了师范，但一直舍不得吃喝，只想存钱，结果把身体搞垮了。"

伯父身体不好，经常要买药，还要买补品吃。有时他买一只甲鱼回家，让祖母炖着，他只喝里面的汤，不吃甲鱼肉。看着又黑又黏还带着爪子的甲鱼肉，我怎么也不肯吃。

伯父突然病情加重，双脚不能走路，祖母叫我去招待所打饭给他吃。

我每天早晨上学前和放学后都去打饭，闻着香喷喷的饭菜，我的口水都快流出来了，但伯父从不让我多打一点自己吃，他还说："我以前对不起你们，你好好服侍我，病好了我会好好待你的。"

我根本不想求什么回报，更不想从他身上得到好处，我只是按照祖母的吩咐行事。

伯父的病医院治不好，姑姑找到一个退休的专家，父亲、姑姑和我一起将伯父用板车拖到专家家里。专家的老婆穿着花衣裳，新烫的头发向后梳起，她用花手帕掩着鼻子，不准伯父进屋，就在院子里看病。

其实伯父身上没有一点异味，他一直很讲究，受到如此的侮辱，他的脸都涨红了。但人在屋檐下，不得不低头。

吃了专家配的药，伯父的病稳定了一年多，但还是复发了，专家说就是神仙也无力回天，他也没办法。姑姑说，专家的老婆找伯父要了几次电影票，后来伯父舍不得钱，没有买，她生气了，不肯为伯父治病。伯父不得不住进医院，花光了所有的钱，最终还是离开了我们。

祖母当着我们的面从来没哭过，但听姑姑说，祖母背地里悄悄地哭过几回，虽然伯父从来不管她的生活，但白发人送黑发人，毕竟心里难过。正像祖父说的："世上只有瓜连子，人间哪见子连瓜？"

伯父离开我，我并没有太多的悲伤。我的耳边反复回荡着祖父说的话："他太悭了，不仅对别人悭，而且对自己也悭，舍不得吃，舍不得喝，把钱看得比命还重。钱财如过眼烟云，生不带来，死不带走。钱是王八蛋，用了再去赚！"

伯父给我留下的唯一遗物，是一把二胡，伯父病好点的时候，曾说教我拉，但我不想接近他，也觉得拉琴不能赚钱，没什么用，有空还不如去砸石子，所以，没有学。也许伯父是爱我的，但他穷怕了，想抓住钱不放，最终还是一无所有。

八、老　师

　　头两年读书，我总是稀里糊涂，成绩不算很好，正在我下决心珍惜学习机会时，我遇到了一位好老师——唐老师，我一下子开了窍。

　　唐老师四十多岁，齐耳的短发，背微微有些驼了，走起路来看似很快，步伐却很小，有说不出的气质。有同学说她家是地主，离了婚，但我们觉得她既严厉又亲切。

　　唐老师从不教训我们，她总给我们讲故事。

　　如果教我们不撒谎，她就讲《长鼻子的故事》：

　　　　从前有一个地方，人只要撒谎，鼻子就会突然长长。那儿有一个盐商，乘船从一个海岛过，他在岛上发现一个红色的池子，他洗了一把脸，突然，他的鼻子长长了！正在他非常着急时，他发现远处有一个绿色的池子，他试着洗了一下鼻子，鼻子一下子恢复了原状，他非常高兴，就一样装了一瓶。

　　　　回到家，他开了一个澡堂，有时乘人洗脸时，偷偷将红水滴在脸盆里，那人的鼻子突然长长了，他说那人肯定撒了谎，大家都相信，那人很苦恼。盐商又偷偷找到他，说能治好他的长鼻子，悄悄用绿水一点就好了。就这样，盐商发了财。

盐商很高兴，有一天他躲在家里，对着镜子，一会用红水将鼻子点长，一会用绿水点短，没想到被一个长工发现了，这个人乘他点长鼻子陶醉地闭着眼手舞足蹈时，悄悄地伸手将绿水倒掉了，等他找绿水点短时，却发现瓶子空了。

大家这才知道，他才是真正撒谎的人。

如果教我们不懒惰，她就讲《寒号鸟的故事》：

有一种鸟，叫寒号鸟，它总蹲在悬崖上喊："冷啊！冷啊！"

冬天来临，乌鸦叫它衔树枝垒窝，它说："太累，太累。"

麻雀叫它拾草做窝，它说："太苦，太苦。"

猫头鹰叫它打洞当窝，它说："太难，太难。"

燕子叫它到南方去，它说："太远，太远。"

大家都在忙碌的时候，它蹲在悬崖上，一动不动地喊："冷啊！冷啊！"

大雪来了，乌鸦、麻雀和猫头鹰都在自己的窝里过冬，燕子飞到了温暖的南方。

再也听不到寒号鸟的悲鸣声，因为它冻死了。

唐老师的课，我们非常爱听，教室里再嘈杂，只要听说唐老师来了，马上会变得安安静静。

一天，唐老师上完课，叫我放学后到她办公室去一趟，我心里紧张得不得了，我犯了什么错误呢？她找我干什么？

到了办公室，她翻开梁丽的作文，让我看她是怎样写的。她写的是我们班的副班长："长着像星星一样明亮的眼睛，像山丹丹花一样红润的脸庞。"

我们刚学了《山丹丹》的课文，里面有类似的句子。

唐老师说："明白了么？作文就应该像她这样写，形象，生动，善于利用学过的知识。"

我点了点头，一下子悟出了作文的窍门："在模仿中创造。"

梁丽长得漂亮，穿得也好，我感觉她就像公主一样。

有一次在校门口，她碰见我，问我："你的裤子是不是改的？"

我的脸微微红了，的确，短裤是长裤膝盖破了，祖母剪掉后改成的。拖鞋是凉鞋带子断了，再也无法焊接，我自己剪掉后变成的。连背的书包，也是父亲的旧帆布围裙改制的，上面留有祖母粗歪的针线。

她笑得眼睛弯弯的，牙齿白白的，是那样的阳光，丝毫没有嘲笑的意味。我羞赧地一笑，但并没有感到自卑。

我无法讲究穿戴，只能在学习上用功，让别人不小瞧我！

我嘴角长羊角疮，异常的痒，手不知不觉就抓到上面去了，常常流脓，流到哪烂到哪。家里没人管，唐老师拿来紫药水涂在我的嘴角，她一只手温柔地托住我的下巴，美丽的眼睛悲悯地凝视着我，另一只手轻轻地用棉签涂抹着，那一刻，我体会到了什么是母爱！

有一天，唐老师突然没来上课，听说她病了，我们都很着急，我和最要好的两个同学——班长和大个子，打算一起去看她。

我捡了一点废铁，同祖父捡的伙在一起，一共卖了三角钱。

我们凑在一起，买了一瓶橘子罐头，班长出的钱最多，他捧着罐头，我们找到了老师家，她住在老街的旧房子里。

听到我们来了，唐老师连忙叫我们进去，她起身靠在床头上，家里就她一个人，冷清清的。

我们站在床边，心里都很难受。

唐老师很感动："你们家里也很困难，还买东西来看我，你们都是好孩子！一定要好好学习，长大了做一个有用的人。"

我们默默地用劲点了点头。

在唐老师的引导下，我进步很快。偷甘蔗事件，家庭对我的教育是不做一个坏人，唐老师对我的教育是怎样做一个好人。

唐老师给我们讲《雷锋的故事》，她先在前面讲一段，然后叫同学们轮流朗读，当念到唐四矮子逼得雷锋的母亲上吊时，朗读的同学泣不成声，我们也都流下同情的泪水。当听到雷锋带病参加义务劳动时，我们都兴奋地活跃起来。我暗下决心，一定要成为像雷锋一样对社会有用的人。

学校举办了学习竞赛，我取得了全年级总分第一名。

颁奖大会在电影院举行，一千多名学生坐满了影院。当第一个就念到我的名字时，我羞涩得满脸绯红，坐在椅子上一动不动。坐在一旁的梁丽忙喊我上台领奖，我看见她美丽的目光中满含鼓励，我如梦初醒般站起来，低着头向台上走去。

奖品是一支漂亮的圆规和一套透明塑料尺，每当我看见别的同学使用时，我非常想拥有，可我买不起。这是我有生以来第一次得奖品，我感到异常的珍贵，我更要好好学习。

九、劳 动

转眼弟弟也到了上学年龄，父亲嘱咐祖母早早地将报名费攒下来，暑假里我可以安心地玩耍了。

可有一天上午，几年没来的母亲的两个妹妹来到了家里，她们穿着白棉布衬衣，自做的黑布鞋子，见了她们我很高兴。大姨对祖母说，她要结婚，想找家里借点钱买被面，祖母说得等父亲下班回来做主，大姨就说她们到街上转转，等父亲下了班再来。

看着她们期望的目光，我很想帮她们，因为外祖母和她们都很疼爱我。

每年放假，我和妹妹都喜欢到外祖母那儿玩。小舅和我年龄差不多，成天陪着我到处玩。外祖母炒的菜很好吃，特别是青椒炒豇豆，吃了还想吃。

有一次，我在快干涸的塘里捡到一只鸭蛋，那只鸭蛋藏在牛脚印里，拿回来外祖母用青椒炒了，只准我一个人吃，真是天下美味！

还有一次，我和小舅一起在门口塘边捉虾。我蹲在塘埂上，发现一只米虾贴着塘边的石头一动不动，我一弯腰，伸手去捧，却一下子钻进了水塘。

水泡在我耳边"咕咕"地响着，我睁开眼，看见浑浊的塘水中，几只小虫在浮游。我不会游泳，但小时候经常同父亲一起到河里玩水，我非常冷静，我一口一口慢慢地吞着水，用手划着转过身来，我看见一个大石头，双手搭上去，用力一撑，露出了水面。

小舅喊来了大姨，大姨浑身颤抖地将我扯了上来，看大姨这么紧张，我才意识到问题的严重性，吓得哭了起来。

外祖母随后赶了来，看见我湿漉漉地站在那里，仿佛松了一口气，但随即生气地说："叫你们不到塘边玩，就是不听话，出了事怎么向你吴家交代？明天就送你回去，还穿着湿衣裳干什么？"

说完，帮我把衣裳脱了个精光。

小舅看着直发笑，外祖母狠狠地对他说："再到塘边玩，你就要讨打！"

外祖母带我们回去，大姨在塘边洗衣裳。

每次回家，外祖母总是送了一程又一程，常常流着泪叹息："你们的妈妈要是活着就好了！你们就不会这么可怜。放了假再来，到时候就会有吃的了。"

外祖母家的粮食也总是不够吃。

我们走了好远，回过头还看见外祖母模糊的身影站在山冈上，一直目送着我们。

二舅一直将我们护送回家，任祖母和我们怎么挽留，他也不肯留下吃饭，总推说回去有事。

他是不肯撞见继母铁青的脸。

父亲下班回家，听说借钱的事，显得很为难："家里没有多余的钱，只够生活，怎么办？"

大姨和小姨失望地要走。

父亲留她们吃饭，她们也不肯。

看见她们在晚霞中消失，想着大姨失望的眼神，我心里非常难过。

父亲也叹口气说："家里只有为你们报名预备的二十元钱，给了她，你们报不成名。"

我说："给她吧！我们再想办法。"

父亲说："这多年，她们也从未开过口，我也没能力帮她们，她们就这样走了，我心里也难受，那就先将钱给她们再说。"

父亲叫祖母拿钱给我，去追赶大姨和小姨。

我捏着钱，急忙追赶她们。

望见大姨和小姨沉重的背影，我兴奋地喊："大姨，等等我！"

听见我的喊声，大姨和小姨转过身，停住了脚步。她们悲伤地看着我，眼角分明还有泪痕。

我气喘吁吁地伸过手："给，这是爸爸给你们的。"

大姨惊喜地问："你们哪来的钱？"

我说："这是我们的报名费，爸爸说了你先拿去用，我们再想办法。"

大姨握着钱感动地说："这怎么好？这怎么好？"

我如释重负地往回走，回想大姨和小姨由沮丧变为惊喜的样子，我感到异常的高兴。

但报名费怎么办？我忧心地看着父亲。

没有报名费，首先我们想到了借，但大家都不宽裕，跟谁借呢？最后父亲说砸石子赚钱，他将火石头从山上拖回来，我们砸成瓜米卖。

我和妹妹每天砸石子，门前一堆堆的大石头，慢慢变成瓜米石，父亲拖去卖，终于在开学前，挣够了学费。

后来，我们的报名费和零花钱就都从砸石子来，弟弟也加入进来，每人每天放学砸一箢箕。我们将门前的石板路砸下了许多小坑坑，比屋檐下雨滴滴出来的水坑还深。

我捡了一个破皮球，垫在屁股下坐，可以舒服一点。我的眼睛曾有两次被飞溅的小石子溅伤，但伤还没好又继续砸，因为它不仅可以让我不愁报名费，还可以得到不多的零花钱，零花钱我从来舍不得买东西吃，除了买学习用品外，多余的钱我常常到书摊上租图书看。

街上有一家书摊，拐角呈扇形的半间屋，租书的是一位胖老头，长得就像如来佛，很和善，但他有白胡子。两分钱看一本娃娃书，看得多，还可以白看一本。

不上学的时候，我就坐在那里的小凳上，一看就是半天。除了能看到《祝福》、《半夜鸡叫》、《一块银圆》外，还可以看到《童年》、《在人间》、《我的大学》、《钢铁是怎样炼成的》以及《红岩》、《林海雪原》等许多英雄故事和《天仙配》、《白蛇传》等民间传说。有时还能看到《杨家将》、《西游记》和《水浒传》等古代故事。

这些书为我打开了另一个世界，它们比课文更让我感兴趣，更让我喜欢，我沉浸在他们的悲欢离合中，忘了我的苦闷，忘了我的悲伤。

当这些故事形象地呈现在我眼前时，我甚至非常迷其中的图画，回家后学着画。邈远的空山、缥缈的烟波、美丽的仙女、刚劲的英雄，红日照临大地，明月斜挂天空，海鸥展翅翱翔，孤舟扬帆远行……总让我臆想不断、思绪绵绵。

在这些书的陪伴下，不知不觉我长大了，再也不肯和祖母、妹妹睡在一起。

祖母用打石子的钱为我买了一床蓝色的太平洋单人床单，还用种的棉花打了铺盖，我喜欢得不得了。没有床，就将晒箕搁在板凳上。有了单独的房间，我觉得比什么都满足。

有次老干看见我的床，笑着说："难怪你不肯长，原来你睡的床是圆的！"

家里烧灶，很少烧开水，即使烧，也没地方装，因为我们用打石子的钱买来的水瓶、杯子，常常被喝醉的祖父摔得粉碎，所以渴了，只能在水缸里舀碗凉水喝。但我不喜欢喝凉水，就常常端着瓷缸子到老干家倒开水。

我说："老干，跟你借一缸子水喝。"

老干眉开眼笑地说："好，那你长大了要还呀！"

倒完水，我说："劳问你！"

老干笑着纠正："应该说谢谢，劳问你是归还东西的时候说的，借东西的时候应该说谢谢。"

我说："那谢谢你！"

老干家有一只小闹钟，我家没有钟，继母花八十元钱买了一只宝石花手表，她一人用。上学或外出劳动时，我不知道时间，经常到老干家看钟，我凑近了看时针指向的圆点是哪里，好判断是多少分。

老干不解地问："你看不清吗？"

其实，我还没有学会认钟，只晓得看时针，不晓得看分针。

如果要起早床，那总是祖母喊，喊几次我才起来，舍不得热被窝。祖母用鸡叫来判断时间，她说她一晚上醒几趟，我不明白她怎么睡不着。

晒箕缝隙多，不容易除虫，臭虫咬得我浑身是包。祖母买来敌敌畏，但没有喷雾器，只好用碗装着，用抹布沾着洒，祖母眼睛不好，不小心将碗弄洒了。

晚上，我睡在床上，只觉得气味大，但没有任何害虫的侵扰，很快就入睡了。

第二天早晨，醒来后，眼睛怎么也睁不开，都肿了，我感觉头昏脑涨、呼吸困难，像得了感冒一样。平时生病，尽量扛着，实在是痛得受不了，祖母给几角钱，我独自一人到医院去拿点药。但今天我只是感觉难受，并没有痛得不得了，我还想去上学，坚持爬起来，可脚下飘飘的站不稳，只好在堂屋的椅子上坐下来。

祖母听我说不舒服，就说："昨天药洒多了，可能中了毒，今天将你床上的多晒会。"

我说："透了一会儿气，现在好多了，我还是去上学。"

我用冷水洗了脸，背起书包走向学校。

冬天又来了，树叶已渐渐落尽，我带着弟弟妹妹，拿着长竹竿，提着篓子，到山上去打松果。

空旷的山野上，到处是细瘦的松树，松针洒了一地，松果孤零零地挂在树梢。我用竹竿将松果打落，弟弟和妹妹捡起来，装在篓子里。

山上没有任何动物，但听父亲说他的同事曾遭遇过狼。

那人天不亮去上班，走在山路上，突然窜出一只狼拦住去路，他准备往后撤，但发现另一只狼跟了上来，他看无路可逃，就握紧了手中的钢钎，两只狼同时扑了上来，他用钢钎同它们搏斗，最终，狼受伤逃跑了，他身上穿的大衣，也被狼撕咬得稀烂。

但我从未遇见过狼，连小兔子也未见过，它们可能被隆隆的炮声，吓得躲进了更深的山林。

家里的小石子没有人收了，我就挑着箢箕，领着弟弟、妹妹出去砸。

河沙站的小火车，将沙拖回来，沙里面混有许多火石头，很多孩子就将石头拣出来，砸成瓜米，河沙站收购。

小火车去拖沙时，每节空车厢都被大孩子占领了，装满沙，他们就坐在沙顶上回来，卸沙时，那节车厢的石头就全归他们挑拣了，我只能在旁边拣些剩下的，我第一次感觉到了竞争的残酷，争是争不过他们的。

祖父说："文能安邦，武能定国。"看来讲武我是不行，只能讲文了，那就要好好读书，长大了干用脑筋的事。

小石子达到了饱和，没人要了。放暑假时，我和弟弟妹妹到父亲的采石场打渣子，渣子主要用来铺铁轨用。

高高的山已经劈了一半，有几名工人用绳子吊着，在半山腰打炮眼。塘口里，许多工人在开石头，两人一组，一人挥锤，一人掌钎，有人打飞锤，将大锤从背后挥过头顶，重重地砸在钢钎上。

我看着非常担心，大锤会不会打偏，砸在掌钎人的手上呢？

父亲伸开长满老茧的手让我们看，语重心长地说："如果你们不好好读书，长大就接我的班，到这里来打石头。"

看着父亲巴掌上一层又一层的老茧，我感觉到父亲的辛劳和他话语中的期望。我心想：我是不会来这里接班的，我要靠自己奋斗！

我们将渣子坡上的石头捡过来，砸成乒乓球大小。慢慢地身下的渣子升了起来，太阳也越升越高了，四周没有树，我们也都没戴草帽，太阳把我们浑身晒得通红，我们感到很疲倦。

弟弟最先受不了，他爬上渣子坡，想捡些薄片石砸，我喊他下来，小心摔着，他不听，不肯下来。他掀起了一块片石，没料到片石下是一个土蜂窝，几只土蜂围着他蜇，他吓得哭了起来。我急忙喊他蹲身下来，他却一动不动，只知道蒙着脸哭。我跑上去准备将他拉下来，他却往上爬去，一直爬到山坡顶，我追上坡顶，拉着他顺着侧边的小路走下来，我发现他头上已蜇了几个包。

妹妹从工棚里喊来了父亲，父亲将丝瓜叶揉碎，敷在弟弟头上的包上，责骂了我几句，将弟弟带到工棚去了。

下班回家的路上，父亲伸手要打我："你为什么不将弟弟招呼好？我打死你!"

我说："是他自己要上去的，我喊他下来，他不下来。"

父亲说："你只晓得嘴上说，为什么不早点将他扯下来，还狡辩？"举起手搡着要打我，我吓得直往前跑。

"我砸死你!"随着父亲的话音，一颗石子重重地打在我的后腰上，我顾不得哭泣，我不知道我错在哪里。我只感到，我不仅失去了母爱，而且也失去了父爱，我的泪没有人同情，我用手臂按住我欲滴的泪水。

我一定要好好地读书，长大了离开这个没有爱的家庭。也许天国的母亲在看着我，可怜我，我一定要为她争气!

开学后，我发现我晒脱了一层皮，但不用为学费担心，我认为还是值得。

到了初中，我想单独出去挣钱。我和大个子一起到建筑工地，要求当小工，工头留下了大个子，却嫌我太瘦小，不肯收。我说我有劲，干得下来，但工头还是不答应。

正在我做梦也想挣钱的时候，同学朱宏伟约我到他叔叔的砖瓦厂去搬砖，我简直喜出望外。

朱宏伟个子很高，白白净净，父亲是医院的院长，母亲是医生，家境优越。男同学之间盛传他一只鸡蛋炒一碗咸饭，他都不肯吃，简直太奢侈了!

第二天，我们很早就出发去砖瓦厂。

砖瓦厂建在沙河下游的山边，离家三里多地。走过河上用预制板搭起的小桥，砖瓦厂的大门就在眼前。朱宏伟说："你在这里等一下，我去看看我叔叔来了没有。"

我在河边等着，看见他走进了砖瓦厂的大门。过了一会，他回来告诉我："我叔叔还没来，我们等一会，先到河里玩一会。"

这里的河还是老样子，还没有改变，草滩、细沙、鹅卵石、清澈的流水。

我们下到河里，河水很浅，很清凉，初升的太阳尚未赶走它的凉意。我们欢快地玩着，将捉来的小鱼、小虾养在水边挖的沙坑里，并放上几根水草。

太阳渐渐热起来，我觉得已等很久了，就说："你再去看看你叔叔来了没有？"

朱宏伟忍不住大笑起来："我骗你的，我根本就没有叔叔在这里上班，只是想同你一起来玩。"

我又羞愧又失望："你骗我干什么？"没想到轻易就上了他的当。

我走上河岸往家里走去，朱宏伟跟在我后面连声说："对不起！对不起！"

我想有钱人家的孩子，肯定不明白我需要挣钱的迫切愿望，说了他也不懂。我默默地往回走着，内心非常失落。

我初步尝到了工作难找的滋味，我盼望着自己快快长大，好帮家里减轻负担。

我越来越沉默，再也不会无缘无故地开怀大笑，一想到我破碎的家庭，捡破烂的祖父，便不再有笑容。如果发现有女同学从家门前路过，我会偷偷地藏进屋里，不希望她们看见我生在这样的家庭，我感到很羞耻。

跟邻里的孩子一起，在水库里玩，我常常一次又一次地潜到水底，双手紧紧地抓住沙石，一动不动，静静地躲开人群，倾听水底的声音，只听见自己的心跳声，我喜欢这种与世隔绝的感觉。

我要改变自己的命运，我要好好读书，只有读书，才有可能离开这样的家庭，才有机会创造美好的未来。

十、梦　幻

　　我对家里已不抱任何希望，家里却发生了意想不到的变化。

　　继母来后打扮得越来越年轻，她不管家里吃什么，我们穿什么，她只管自己做一套又一套的时髦衣裳。

　　祖父看不下去，喝醉了酒就说："冇得行市有比市，哪家的媳妇像你这样不做家。钱无善赚，几大的鱼打几大的浪。你看你吃的喝的、摇的摆的，哪像是从穷家小户出来的？家要败，出古怪。人无远虑，必有近忧。你们啊，老鼠眼睛一寸光，只晓得坐享其成，不知道穷则思变。金玉其外，败絮其中。"

　　继母说："新社会新国家，自己挣钱自己花。我犯了哪一条国法，要你一天到晚嚼？"

　　父亲从不干涉她，但不知谁跟父亲说，她有外遇。平时，父亲任何事都让着继母，可这样的事，让父亲急红了眼，他经常盘诘继母："你为什么跟厂长相好？"

　　继母说："我没有。"

　　父亲说："那为什么别人说，厂长经常照顾你？你总跟厂长在一起有说有笑？"

继母说:"那是造谣。"

连我也知道,像这样没有证据的猜疑,是不会有任何结果的,只能让大家都伤心。

祖父也不希望家里天天争吵,到了夜晚,他躺在床上劝解道:"家庭不和外人欺,莫总是按下了葫芦,漂起了瓢。冤仇宜解不宜结,四十岁是道坎,往往祸起萧墙,小不忍,则乱大谋。要与人为善,不与人为恶,逢人且让他三分。一言可以兴邦,忍一时风平浪静,退一步海阔天空。"

但父亲不放心,总是偷偷检查继母的箱子,有一天竟搜出了一封信。

信是继母的前夫从监狱里寄到她厂里的。

父亲气急了:"没想到你跟他还藕断丝连?你怎么能吃着碗里还看着锅里呢?"

继母不吱声。

父亲威胁说:"你再同他联系,我就告到监狱,告他破坏别人的婚姻。"

继母吓坏了,保证再不同他联系,并保证以后安心地跟父亲过日子。

继母的确变了,她对我们的态度和缓了,人也慢慢长胖了。她还用拆开的手套线,为我织了一条线裤子,我感到特别的温暖,终于有了点家的感觉。难道我们真的熬过了冬天,迎来了春天?我有点不敢相信。但她不给妹妹织,她说她不喜欢妹妹,说妹妹的嘴太烈。祖父也取笑过妹妹:"会说的想着说,不会说的抢着说。"继母还说老家有一套红漆的桌椅，什么时候有空，就去拖来，我一直盼着。

父亲的脸上有了久违的笑容，他将搜出的信还给了继母，叫继母烧掉。

继母又提出分家，只让祖父母另过。

祖父说："我话多，不讨人喜欢，但老婆婆特别能忍，贵贱不出声，成天默默地做家务，你怎么也嫌弃呢？"

继母挖着头："哑巴蚊子咬死人。"

从不搭腔的祖母这次惹恼了，她气得发抖，态度坚决地说："人怕死心，树怕烂根。我也过够了，哎呀，分了算了。"

祖父说："这多年我总是提心吊胆地过日子。现在好，儿大分家，树大分权，儿孙自有儿孙福，莫为儿孙作马牛。"

分家后，继母开始当家，我们在炉子上做饭、炒菜。冬天揉一大坛子盐菜，顿顿一大盘子盐菜。傍晚，继母没回，我就先将盐菜炒了，她说我炒的还蛮好吃。

继母很少买菜，我们总吃父亲种的菜。有一次，遇到祖母炒小麻鱼，我偷偷去吃了一点，祖母发现后斥责我："哪这么好吃？你吃了，我们吃什么？"口气中带着辛酸、无奈。

我似乎看到了希望，只要继母与父亲一条心，这个家是会好的，我更专心地学习。

祖父却说："树欲静而风不止，要想长久，你们要生一个孩子。但我的话你们从来不听，把我当敌人，人是最重要的，所以，你们趁现在还能生，赶紧生一个，孩子就是纽带。当然，不到火烧眉毛，你们不晓得锅是铁做的，到时候，你们才知道我说得对。"

继母不同意生，她说孩子多了养不活。

学校要召开家长会，回家听继母说她将参加，我很高兴，有穿得这么体面的妈妈参加，我的脸上会很有光彩！

我兴奋地等着，我非常想听听老师对我的评价。以我平时的表现，我想继母听了会对我刮目相看的。好不容易盼到继母回来，我们都围着她，期待从她口中听到鼓励的话，继母说她到了弟弟班，问了一下老师，人太多了，等了很长时间，就没提我和妹妹的事。

我迫不及待地问："我的老师说了些什么？"

继母说："根本没时间到你班上去。"

我很失望，默默地走开了。我感觉继母并没有真正关心我，我毕竟不是她亲生的，正像祖父所说的："隔层纱，差一差。"

同位的梁丽却给了我意想不到的鼓励。

有一次下课，她说："看到你上课也没怎么听讲，但老师讲的你怎么都会呢？"

我说："可能书本太简单了吧。"

她说："不，是你太聪明了。"

我聪明吗？我不清楚。但我不想光凭聪明学习，我想用功。可上课时，听着听着，简单的内容丝毫提不起我的兴致，我的思绪会跑得很远。有时我会想到在灿烂的阳光下，我拿着用蜘蛛网做成的网子，去网蜻蜓。蜻蜓有红的、黄的，它们在天空中悠悠地飞翔。还有一种碧绿的大蜻蜓，它会冲破蛛网的束缚，一直飞向蓝天。有时我会想到我和邻里的孩子一起，在屋后山上摘喇叭花。花蕊中一颗颗黑色的花籽，就像小地雷，我用线穿起来，埋在土里炸汽车。山上还有蓖麻籽，光溜溜的，能卖钱。更多的时候，我会想到家里的争吵，耳边响起各种各样的声音，特别是祖父的声音，它引导着我，海阔天空地漫游着……

看着老师的嘴在动，我听不到他在说什么，我也想努力地把思绪拉回来，但过不多久，又会跑到九霄云外。我想这一是功课简单，稍微看看就会；二是祖父老在耳边唠叨，我又不想听，天长日久，损害了我的注意力，让我难以集中精力听老师在说什么。

有这么漂亮的女孩子夸奖我，我更要努力学习，听不进去，我就多看，老师没讲完，我就在前面将所有的书从头到尾都看一遍。

可刚入初中，梁丽就考上了文工团，她像一只美丽的蝴蝶，一下子就从我眼前消失了。我的心中有一种说不出的滋味，是失落还是留恋？说不清，道不明。

十一、运　动

　　这么多年，想好好读书也不容易，辛苦挣来的学费，更多的时候不是在学习，而是参加运动。

　　来到母校不久，学校开始搞"勤工俭学"，小学生每人每天交一篑箕石子，初中生到山上拖片石回来，学校将旧庙拆了，我们临时搬到了老师宿舍的楼上。楼上是木地板，光线虽不足，但冬暖夏凉。放学后，班长在楼板上面练倒立，我也跟着学，摔倒了也不怕。冬天，下课后同学们在楼板上跺脚驱寒，跺得地板山响，楼下的老师上来呵斥我们。经过近一年的劳动，学校重盖了三层新楼房，我们从低矮阴暗的教室搬到了高大明亮的课堂。

　　刚想安下心来学习，学校又开展"批林批孔"。

　　学校里说孔老二如丧家之犬，周游列国，嘴上讲"仁义道德"，肚里搞"克己复礼"，一心想复辟。嘲笑他"四体不勤"、"五谷不分"。用"两小儿辩日"、"装病"等故事讽刺他并非圣贤。

　　回到家，祖父说现在不读礼乐诗书，不讲仁义道德，不当孝子贤孙，君不君，臣不臣，父不父，子不子。善有善报，恶有恶报，不是不报，时候未到。天作孽，犹可违；自作孽，不可活。孔子历来被尊为圣人，有三千弟子，七十二贤人，泰山崩于前而色不变，卒然临之而不惊，无故加之而不怒。讲的是温、良、恭、俭、让和孝、悌、忠、信、礼、义、廉、耻，己所不欲，勿施于人。你们啊，沽名钓誉，巧言令色，欺世盗名。纵使我现在讨饭，也是得其所哉，我善养吾浩然之气！得道者多助，失道者寡助，君子忧道不忧贫。我这是为者薄也，薄者为也，阳春白雪，曲高和寡，你们是听不进的。

祖父的话，我听得懂，但我觉得他讲的不合时宜，他太落伍了，我也不想跟他较真。同时，无形中孔子的言论也浸入我的脑中，我在矛盾中接受古代思想。

好不容易在唐老师手中学了点东西，学校又开始评《水浒》，"反击右倾翻案风"。

《水浒》我只看过《武松打虎》、《智取生辰纲》、《逼上梁山》，都是在书摊上看的，觉得很精彩，没什么不好的。宋江我一点也不熟悉，说他是投降派、反动派，只能跟着报纸瞎嚷嚷。

随后又出现"头上长角、身上长刺"的"白卷英雄"，流行两句话："学好数理化，不如一个好爸爸。""我是中国人，何必学外文。"学校批判孔子的"学而优则仕"，提出"读书无用论"。实行开卷考试，试卷拿回家自己做。这时，我就成了同学们的中心，一大群同学会和我一起做，不会做的，就照抄我的。

很多学生都不愿学了，但我还想学点东西，我始终认为，只有读书，长大了才会有出息，我的新同桌却开始捣乱。

新同桌是留级生，生性好动，老爱与人疯疯打打。上课时，他找我讲话，我想听课没理他。我们俩共坐一条板凳，他坐在板凳头上，老师一转身，他就使劲往下压，我比他轻，被翘了起来，我们就像跷跷板，一上一下，一上一下，我如果突然站起来，他会摔跤，但我不敢这么做，我一直是好学生，不想给老师留下坏印象。

学校彻底不上课了，每天就是劳动，"改河造田"。

沙河的水清清冽冽，河滩上杨柳依依、金沙灿灿。沙堆里有很多干贝壳，闪着白的和蓝的光。小白鱼逆着急流朝上游游动，如果在浅滩扒开石子，形成一条流水沟，小白鱼会自动上水，就会很容易抓住它。河水不深，夏天我们在河里游泳，偶尔呛上几口水，也会说，嗯！河水是甜的。

现在，要将河里的沙石挑上来，在草滩和沙滩之间筑一道堤。

我总和班长、大个子一起比赛挑，每天挑一百多挑，女同学们戏称我们是"三面红旗。"

河堤形成后，我们又到山上拖片石包滑坡。

四人一组，有男有女，拖一车片石。我弓着腰用力地拉着，他们在旁边推，最后将片石卸在河堤边。

堤坝终于修好了，但垂地的柳枝不见了，细软的沙丘没有了，河水浑不见底，游鱼难觅踪迹。我亲手毁了我童年的乐园，丝毫没有完成任务的轻松，只有一丝丝的遗憾。

改河造田完，又开始支农。

每人挑一担草，送到附近的农村，再割半天麦子，就可以吃上一顿香喷喷的锅巴饭。

初中只剩下最后半年了，我们彻底回到了教室，一边上课一边揭批"四人帮"，深批"两个估计"。许多观点又彻底变过来，比如"知识越多越反动"。

由于学校撤并，新来了许多陌生的同学，学校将我们重新进行了分班，我同从小到大一直在一起的老同学分开了，我特别舍不得，感到很孤独。我找到新班主任，要求调到班长和我默默喜欢的女同学所在的班。班主任问我原因，我说我不愿意到陌生的班级，怕遭人欺侮。班主任安慰我说，放心，有我在，没人敢欺侮你的。她又说，听原先的班主任介绍，你还是班干部，我看你还蛮大胆，我们差一个体育委员，就你当了。

班主任教数学，上课时手舞足蹈，特别吸引人，我从未像现在这样注意力集中过。测验时，她走到我的桌边，一边赞叹一边说："你看看！你看看！他做一题对一题。"

但一切都晚了，我们快毕业了。

一直以来，我负责出黑板报，多是搞运动宣传，我编稿，写粉笔字，画插图，黑板在操场边的墙上。

我下来挪桌子的时候，发现隔壁二班新转来的同学，正吃力地搬桌子过来，我连忙跑上前帮他把桌子抬到黑板下。

他清瘦的脸庞，一双炯炯有神的大眼睛。他的画画得很好，自此我们相识了。

后来才知道他叫易鲲鹏，也是自幼丧母，他忧郁而高贵的气质给了我很深的印象。

十二、班　长

　　很快毕业了，考试成绩虽很优异，但我明白我并没有学到多少东西，教科书简单没什么内容，书摊上的书更吸引我。即便如此，我还是非常留恋我的母校，热爱我的老师，我在这里启蒙，得到很多老师的引导和鼓励，有许多东西在我的脑中像放电影一样，永远不会忘记。我更难忘我的同学，尤其是班长，我们在一起太快乐了！

　　小时候班长组织我们四个男同学、四个女同学一起办学习班，在班长的小房里点着煤油灯写作业。

　　班长还领着我们几个男同学学雷锋、做好事，趁着月光将学校的操场打扫得干干净净。

　　更多的时候，我们在一起打篮球，经常一直打到天昏地暗才回家。

　　刚上初中，学校要举行冬季万米长跑比赛，班长约我们几个同学每天早晨到学校练习长跑。

　　学校占地半边山，山顶上往届的学生挖了许多防空洞。跑道环绕山顶形成一个半圆，因山顶只挖开了一大半，还没有彻底挖通，我们只能来回跑，这样跑起来很不舒服。

班长和我们几个商量，利用晚上时间将跑道挖通，我们都同意。

白天的劳动课也有人挖跑道，到了晚上，我们就一直挖到九点多钟才回家。

经过一个多月的努力，我们终于挖通了跑道，手上打起了泡，又变成了硬茧。在挖通的那一刻，我们高兴得跳起来，我真正感受到劳动的喜悦，再也不用往返跑了！

班长每天早晨到家里来喊我，每当我偷懒睡觉的时候，他总在梦中将我喊醒，陪我一直坚持下来。

长跑比赛在偏僻的公路上举行。

我没有运动衣，就穿着蓝色的棉布内衣，袖口破了，我将它挽起来；穿着露出大脚趾的草绿色球鞋。

公路两边都是观望的同学。在助威声中，我随着起跑的人群，跑得有点快。渐渐的公路上没有观看的人，只有跑不动的陆续停了下来，没想到一万米还是挺远的。我拿到中点牌折回的时候，感到有点累了，但我不想半途而废，我跑跑走走，咬牙坚持着。与其他跑步的人逐渐拉开了距离，前面望不到头，后面望不到尾，有的人弯着腰在路边大声喘着，我慢慢地超过他们。

快到终点的时候，我听到路边的观众对着我议论："你看！他这么瘦小，竟然跑下来了，真不简单！加油！"

"加油！加油……"在呐喊声中，我不由自主地加快了脚步，朝终点冲去，我感觉心脏就快要蹦出来了。冲过了终点，我的两条腿有些不听使唤，人轻飘飘地站不稳，真想躺下来歇会。但老师说，不能停下来休息，只能慢慢走动，也不能急着喝水。我根本就没有带水，只能沿着来时的路，慢慢往家里走去。

班长取得了前十名，我没有取得名次，但我以最小的年龄跑完了全程。

我们在一起也干过有刺激的事。有一年七月十六，我和班长、大个子扒火车到武汉，看横渡长江。浑黄的江水里，无数的人头在慢慢漂动。回来的时候，因为带的钱不够，又饥又渴，看着飞奔的列车，我们都不敢扒上去，无奈地看着火车远去。最后，幸运地碰到了熟人，才坐"守车"回去。

我有一张小学的毕业照，穿着两件白衬衣。里面是我自己的棉布衬衣，外面套的是班长的的确良衬衣。的确良衬衣又白又挺括，当时很时髦，因此，照相的时候，我借来穿在外面。

初中尚未毕业，班长就在他父亲的安排下，进了烟厂当工人，他就这样无声无息地跟我们分别了，我不明白他这么好的条件为什么不读书。感到很遗憾！

"天下无不散的筵席"，再见了，我的母校；再见了，我的少年朋友！我会永远记得发生在这里的一切，永远怀念我终生难忘的同学，我将进入一个新的学校，那里会有你们这样的朋友吗？

十三、离　婚

　　我进入高中，有幸与易鲲鹏分在一个班，并且同桌。我们一起出黑板报，我写字，他画插图。

　　出黑板报的时候，我转身拿粉笔，看见隔壁班的两名女同学，手挽手走过来，她们都穿着绿色的确良军衣，扎着小辫子，我不觉眼前一亮，太漂亮了！其中高些的，一双深潭般的大眼睛朝黑板忽闪了一下，美丽的脸庞显得那样俏皮。

　　后来，我才知道她的名字叫秦明月，旁边稍矮些的是她的铁姐妹杨晓玲。杨晓玲原来就住在我家对面的高楼上，只是从未遇见她。

　　这时快要恢复高考了，如果说原先我的目标只是好好读书的话，那么现在我的目标就更明确了——考上大学。只有上大学，才能改变我的命运，才能改变家庭的命运。我一定要努力，一定要加油！我准备全力以赴。

　　家里唯一的条桌放在继母房里，由弟弟和小妹妹用。饭桌是以前切烟丝用的烟桌，满是裂缝油污，无法写字。继母说的红漆桌椅，到现在也没看见。我只好将祖父拣来的三合板箱子摞起来，当写字桌。

夜晚点上煤油灯，写语文老师布置的作文《放飞理想》。

看着家徒四壁、冷冷清清，我多想拥有一个温馨幸福的家啊！在那个家里，大家彼此相爱，真心相待。要达到这个目的，我只有好好读书，成为一个对社会有用的人，才能得到社会的承认，才能有能力营造这样一个家。

家是温馨的港湾，家是幸福的驿站。作为一个苦孩子，我的理想就是拥有一个温暖的家。

我为我的理想兴奋着，下笔一气呵成，意犹未尽。我一边默诵，一边修改，直至深夜，尚无睡意。

第二天，交了作文。再上语文课的时候，老师把我的作文拿出来念给大家听，边念边评论："看人家是怎样写的！"

放学的时候，我碰到大个子，他在隔壁班，他说："今天老师在我班上念了你的作文，可以呀，现在出名了！"

我感到很意外，没想到老师还在别的班念了我的作文。

老师的鼓舞，更给了我信心，我一定要学出个样子来，不让老师和同学们失望。

我决心埋头读书，不管家里现在怎么样，只要我有出息，这个家将来会好的。

可这个愿望也破灭了，继母吵着要离婚。

她嫌父亲太老实："十磙子也碾不出一个屁来，没有一点用。"

祖父说现在一切终于真相大白了，她当初只不过是韬光养晦，是"卧薪尝胆"。

刘叔叔来劝解，经常劝到深夜，但过几天又闹起来，反反复复，没有尽头。看着父亲窝囊的样子，我的心里难受极了，这样的女人有什么值得留恋的？

可父亲不这样想，他总希望继母回心转意。忽然有一天他得知继母的前夫将提前从监狱里释放，他这才明白继母是铁了心想破镜重圆，觉得自己受了欺骗，更加坚定了不离婚的决心。

刘叔叔看到大势已去，他劝父亲："既然她不跟你一条心，我看你离了算了，这样僵持着也没什么意思。"

父亲听不进，他要拖垮她。这样，家里爆发了更大的战争。

继母说父亲："茅房里捡块手帕，文（闻）也文（闻）不得，武（舞）也武（舞）不得。三间破窑，穷得叮当响。"

父亲说："我把心掏出来给你，你还不满足。我起五更，睡半夜，勤扒苦做，下了班还去种菜，借着月光浇菜水，经常到晚上九点多才回家吃饭，就是石头，也给焐热了！可是你，真是狼心狗肺，说变心就变心。"

继母说："你凿不像个凿的，砍不像个砍的，精不精，傻不傻，再做也暖不了我的心。"

父亲说："你过河拆桥，把你欠的债还清了，把你的儿女养大了，你就要离婚，你莫想！"

继母咬牙说："你不跟我离婚，我就天天闹，闹得你老少不得安宁。我学过打针，小心睡着了我用针扎死你！"

她抓起纺车墩子狠狠地砸向父亲。

以前摘下棉花后，祖母日夜坐在纺车前，将棉花纺成线，然后拿去织成布。后来纺车坏了，墩子留了下来，当凳子坐。

父亲坐在门角落里闷头抽烟，木墩子砸在父亲的胸前，他双手抱住，脸色变得很苍白，两眼痴痴地盯着继母。

继母抬着头，迈开大步，走进房中，"哐当"一声，将房门关了。

看着父亲可怜的样子，我真不敢相信这就是我一向害怕的暴躁的父亲。我悲愤交加，哭着说："你让她走！你让她走！"

祖父喝得醉醺醺地回家了，听见家里又在吵，就说："当初我就说你是剃头挑子——一头热，你不听，非要接个穆桂英，你又不是杨宗保，怎么降得住？她又不跟你生个一男半女，压根就没有一门心思地跟你过日子。人生不满百，做了皇帝想外国。她那是喂不饱的鹰，吃着骨头努着肉。现在好！河驳过了，把卵子硌了。老古话说，一顿饭养个恩人，一千顿饭养个仇人。你是死要面子，活受罪。留得住人，留不住心，你只当她是过路的客人。道不同，不相为谋，恶人自有恶人磨。"

父亲缓缓地松下墩子，默默地低头走出屋子，迎面碰上祖父，忍不住埋怨道："就是你们拖累了我，还一天到晚喝个不停，嚼个不住。"顺手推开了祖父。

祖父扯起喉咙："上不起杨树上柳树！欲加之罪，何患无辞？犯上作乱！是可忍，孰不可忍？我用这条命跟你们拼了！我叫你们过日子？"

祖父抱起炉子摔到外面，土炉子摔成两半，红红的煤球洒落一地。

我和妹妹慌忙将神柜上的水瓶、杯子收起来，交给祖母藏到房中，害怕又被祖父摔碎了。

我们非常渴望有一个干净、漂亮的家。过年的时候，我们打扬尘，找来报纸将楼板裱糊一遍，妹妹刷浆，弟弟传递，我站在梯子上贴，我们的小手冻得通红。然后用石灰水将墙壁刷得白白的，还用我们自己赚来的钱买水瓶、杯子、塑料布。

祖父看神柜上清空了，就抓起一把椅子，狠狠地掼在地上，椅靠摔断了。

他跟跄着走向楼梯，一边上楼一边说："我一辈子安分守己，缩着脑壳为人，左脸被打了，送上右脸，树叶落下来怕把头打了，一生不晓得怎样去害人！人善被人欺，马善被人骑。天下无不是的父母，养儿防老，百善孝为先，打一耳光叫你吃肉，你吃不吃呢？君子不食嗟来之食！你们不讲尊老爱幼，不讲三从四德，上行下效，上梁不正下梁歪，主梁不正倒下来。这是国运不幸，家运不幸啦……"

看着破碎的家，我的心也碎了。王宝钏苦守寒窑十八载，她有希望，有梦想，可我的希望、梦想在哪里呢？我跑到后院痛哭起来："不活了！不活了！还有什么活头？"

祖母过来劝解我说："大人们吵嘴，你管它干什么？你只管好好读你的书。"

"这怎么读书？这让我怎么读得进去？"

祖母说："那我找你姑姑，让你到她家里去住。"

我止住了哭泣，这个曾经给了我快乐和温暖的家，如今只是一个火坑，我要赶快跳出去。

我对继母彻底失望了，这些年，她不仅欺骗了父亲，也欺骗了我们，我们不仅将打石子的钱交给了她，更将我们的信赖交给了她。可她偏偏就看不见我们都在努力，我们正在慢慢长大，这不就是最大的希望吗？

十四、初　恋

我背着书包，卷着铺盖来到了姑姑家。

姑姑家也不宽裕，姑父是铁路工人，说一口外地话，姑姑在街道厂当会计，三个孩子。

姑姑家很窄，只一间铁路公房，从中间隔开，前面是客厅，后面是主房，顺着屋檐加盖了一间偏房，表妹们在里面居住，在路对面，搭建了一个很小的简易厨房。我就住在客厅里。房屋虽不大，但干净、整洁，家里气氛融洽，我觉得已到了天堂。

姑姑说："你这么大了，要学会自理，我太忙了，没工夫招呼你。"

我说："好，你教我。"

姑姑教我洗衣，怎样洗领口、袖口、腋下，我学着搓，将手指搓起了泡，慢慢起了茧。但我总怀疑衣裳还是没洗干净，搓了一遍又一遍，姑姑说我做事"摸"。

刷牙的时候，我挤了满满一牙刷牙膏。姑姑说，只需挤小指甲尖那么大一点就行了，不要浪费。

我不好意思吃闲饭，买米、做煤的重活我主动包了。遇到表弟、表妹有不会做的作业，我总是耐心地教他们。

姑父上夜班去了，躺在床上，我还会讲笑话给他们听，姑姑总听得哈哈大笑。

我开始新的生活，将过去家庭的争吵、打斗、贫穷，一切痛苦的伤疤，用一张纸盖了起来，我要忘却它们，埋头去读书。

正好我们学了徐迟的《哥德巴赫猜想》，我被里面瑰丽的语言所吸引，更被陈景润痴迷科学的精神所感动。如果以前我的目标只是考上大学的话，那现在就更明确了，当一名陈景润那样的科学家。

百废待兴，洛阳纸贵，到处买不到本子。易鲲鹏从他父亲的单位找来用过的统计报表，裁好后装订成册，我们在背面抄笔记，做练习。

他不知从哪弄来许多古诗，我们简直爱不释手，我从来没有接触过这么多、这么好的古诗，我深深地被它们吸引住了，我觉得中国文字太奇妙了，我更加热爱它了。

蜂

罗隐

不论平地与山尖，
无限风光尽被占。
采得百花成蜜后，
为谁辛苦为谁甜。

石灰吟

于谦

千锤万凿出深山，
烈火焚烧若等闲。
粉身碎骨浑不怕，
要留清白在人间。

离骚

屈原

纷吾既有此内美兮，又重之以修能。扈江离与辟芷
兮，纫秋兰以为佩。汩余若将不及兮，恐年岁之不吾与。
朝搴阰之木兰兮，夕揽洲之宿莽。日月忽其不淹兮，春与
秋其代序。惟草木之零落兮，恐美人之迟暮。

我将它们全都工工整整地抄在我获奖的日记本上，如
获至宝，深深地沉醉其中。

考试后分了快慢班，我、易鲲鹏、大个子、秦明月、
杨晓玲、朱宏伟，还有别校来的数学尖子李建国都分到了
快班。

不久，班里要召开家长会。我知道父亲心里一直不痛
快，他也最不喜欢开会，让穿着粗布衣裳的他跟那些干部
家长坐在一起，一定会感到很别扭，但我不得不硬着头皮
喊他去。

散会后，父亲来到了姑姑家。他说他很失望，既没听
到老师表扬，也没听到批评，压根就没提我，说明我表现

得很一般。不知道我以前的聪明劲到哪里去了？他这辈子就是吃了没文化的亏，有话说不出，继母闹离婚，他就指望我了！

其实，我比以前更努力，但纷至沓来的新课程、新知识、新信息让我应接不暇，无所适从。我既感兴趣，想全部掌握它们，但又力不从心，雾里看花，总是感觉漂在上面，不得要领。而这个班，集中了全镇各个学校的尖子，所以，以往突出的我，就像一滴水融入大海，显得太平常了。

父亲的话让我不服气，我一定要出类拔萃，让大家好好看看。

正在我苦恼的时候，调来一位好老师，新班主任王老师。王老师是上海人，华中师范大学毕业，支教来到我们山镇，家就安在学校，用办公室隔开的一间屋，有两个小孩子。

由于我们的基础都很差，王老师白天给我们讲新课，夜晚就给我们补课，从头补起，深入浅出，循序渐进。

夜晚，他讲平方根公式，两根相加，两根相乘，像变魔术般将我们带进一个神奇的世界。我们抬着头，聚精会神地盯着黑板，教室里安静极了，只有上海腔的普通话在回荡，它牢牢地抓住我的思维，让我跟着它一起游走。

白天上课的时候，他将难题写在黑板上，然后问我们怎么做，好像他也在思索，这就引起了我们极大的兴趣，我们使劲地想着，想出来随时回答，然后再做下一步。

就这样，他一步一步地将我们引领到知识的彼岸，让我们领略数学的奥秘。我从中学到了方法，学会了分析、思考，更重要的是尝到了学习的乐趣。

我好像开了窍，学什么懂什么，各门成绩渐渐名列前茅。

我越学越想学，越学越想弄通全部问题。由于不到一年就要高考了，我们取消了所有节假日，天天晚上上自习，王老师有时讲课，更多的时候，是让我们自学。由此，我养成了自学的习惯，成为受用终身的武器。

下了晚自习，我也不肯回家，大多数同学陆陆续续走了，我仍和十几名同学留在教室里继续学。

王老师泡一杯茶，坐在讲台上看自己的书，一直陪着我们。他像一名瓜农，带着期望的心情，守护着他的瓜快快成长。他丢下了他的家庭，一心扑在学生身上。

我一直坐在那里，几个小时不动身，不喝水（也没水喝），不上厕所，我像一名入定的高僧，心无旁骛，忘记了周围，看不见同学走动的身影，听不见桌椅响动的声音，沉浸在明镜台中。

一缕香气袭来，秦明月披着才洗不久的秀发，穿一件水红色的衬衣，坐到我旁边的空位子上。

我从未闻过这么好闻的香味，侧过头，吃惊地看着她。

她问我一道物理题怎么做，我将题目看了看，其实很简单，就讲给她听了。

长时间没喝水，喉咙很干涩，我仍沉浸在我的思索中，尚未回过神来，无法像王老师那样循循善诱，讲得动听一些，忘了问她听懂了没有。她起身毫无声息地走了，像仙子一样，悄然而来，飘然而去。

王老师说："转点了，都回去吧。"

我们几个最后一批离开教室。

皎洁的月光照耀着大地，秦明月和杨晓玲走在前面，我和易鲲鹏、李建国几个男同学走在后面。几个男同学一边走一边侃：读什么大学好，干什么职业好？

我看了看前面的秦明月，又抬头望着天上的明月，暗暗下定决心，一定要考上大学，当一名科学家。一定要为母亲争气，她肯定在天上看着我，看着她的儿子是怎样努力的，她会为她的儿子自豪的！我还要写一本书，写我苦难的童年，写对母亲无尽的思念，写我敏感的心灵感受，写对姑娘悄悄的爱。

回到姑姑家，我还意犹未尽，想着秦明月明亮的眼睛，揣摩她会不会也喜欢我，一点睡意也没有，我继续看书。

姑姑家没有钟，也不知到了几点，我感觉疲倦了才上床睡觉，姑父说我经常熬到两三点钟。

睡晚了早晨起不来，醒来时，姑姑全家都走了。锅里剩下姑父留下来的面条，是用葱和酱油下的，温温的、软软的。

王老师知道我晚上熬得晚，从不严厉批评我，只苦笑着说："牛夕又来晚了！"而我也不好意思，常常在路边的树荫下，等早自习下了，才悄悄地溜进教室。

如果早自习没有老师，秦明月会跑出来，招手叫我进教室。

晚上我旁边的同学都走光了，秦明月坐到我的身边，她总默默地做练习，我总在看书，她偶尔询问一下，我侧头瞅一眼她低垂的、长长的睫毛，浓密的、漆黑的秀发，赶快低下头作答，害怕她发现，我感到从未有过的愉快。

学校分男女生组织体育达标测验，十个男同学一组，三千米跑。跑道一会上坡，一会下坡，加上平时长时间坐着，缺乏锻炼，没几个同学能坚持下来。我跑了一半，也跑不动了。秦明月走到我身边鼓励我说："怎么不跑了？加油！"她眼中跳动着火苗，有一种动人心魄的力量，我不由鼓足勇气又坚持跑下去。她在终点，趁我走到一边休息时，塞给我一朵白玉兰，悄声说："祝贺你！"她深情地凝视着我，眼中闪动着波光。我从未见过这么深邃、清澈的眼睛，我的心为之一颤，我明白了姑娘的心意，我喘着气，张嘴笑了笑，不敢看她的眼睛，低头闻着白玉兰。

看着这么优秀的女孩，我想，我们的心是相通的，虽然没有任何表白。但我知道，我只有考上大学，才有可能与这么可爱的女孩牵手，我只有更努力！

爱情的滋味原来是这样美好！第一次尝到爱情，我激动得好几天平静不下来，我感到我像充了血一样，轻飘飘的，浑身有使不完的劲。只要一想到秦明月，我就情不自禁地露出微笑。

易鲲鹏拿来一本到处买不到的四角字典，我借来看，觉得太有用了，我准备将里面有趣的词条全抄在日记本上，我想，有这样的积累，什么样的锦词丽句写不出来呢？还需要听老师讲那些枯燥的课文。所以上语文课时，我总埋头抄字典。

语文老师是河南人，总爱操着河南腔说我们："你不好好学习，要成人才，我看你成劈材！"

他看我埋头抄东西，不听讲，就说："吴牛夕，你不行啦，你别骄傲，你的作文还没秦明月写得好！马上就要高考了，你上课还不好好听讲。"

我觉得我的脸在微微发烧，但我心里觉得好笑，你不知道她欣赏的人却是我！

但再上语文课我就不敢抄了，我花了两个多月的课余时间，终于将字典抄完了。

正当我乐不思蜀，沉浸在爱和知识的海洋中时，祖父来了，他到姑姑家来了。

人还没到，但老远就听见他的声音："一文钱难倒英雄汉，钱不是万能的，但没钱是万万不能的。想当年视金钱如粪土，现如今讨饭连门也摸不着，彼一时，此一时也。"

一听见祖父的声音，我就心慌起来，又会发生什么事呢？

祖父出现在门口："人人都说女儿是酒坛子，你不送酒我喝，我找上门来要酒喝。"

姑姑赶快给钱让我去打酒，她下厨房去弄菜。

祖父一个人边吃边喝，脸渐渐红润起来，声音也越来越响亮："儿女是什么呢？儿女是眉毛，只起好看的作用。说起来儿女满堂，在外面怪好听的，可哪一个管你的死活？没有俺老眼，能有你们的今天？"

姑姑哭了："只怪我没有能力天天供你喝酒，但你和妈的衣裳我负责每年给你们做。"

"呸，不孝的东西，我活一天是一天，没酒我怎么活？"祖父已酩酊大醉。

姑姑只好答应："我每月供你三斤酒，我是怎样的家境你也清楚，我只能做到这个样。"

我的心已碎了，我为什么生在这样的家庭？何处是我平静的港湾？

我过来扶起祖父："走，喝多了，我送你回家。"

祖父摆摆手："我没醉，酒醉心明，我心里清楚得很，不要你送。"

他站起身，摇摇晃晃地向门外走去："孙子在说我，我该走了。"

我们送到门外，看他虽脚步飘浮，但始终往前走，一路走一路说："我就是打不死的程咬金，挖的地被农业社收了，收了算了，我再开荒。种的庄稼放牛娃不负责任，让牛啃了，净害人。但我不照样地活着！人生一切痛苦的根源，都是因为活着，但俗话说得好，好死不如赖活着……"

祖父的声音渐渐远去。

姑父告诉我："有一次你爹爹喝醉了，躺在车站旁的沟里，同事知道他是我的岳父，连忙喊我来，我找了一辆板车，把他送回了家。"

我想起祖父说自己："天天有酒天天醉，处处无家处处家。"他是借酒浇愁，他是麻醉自己，但他没想到，清醒的亲人心里该是多么的难过！

祖父让我从虚幻的云端掉落到残酷的现实，我看清了我的处境，我只有"两耳不闻窗外事，一心只读圣贤书"，才能潜下心来学习，才能将心底的伤痕掩得实实的，才能摆脱这无情的命运，最终才能得到心爱的姑娘。我把一切希望全寄托在高考上。

我对自己越来越苛求，任何一个问题，都希望弄清来龙去脉，想象着如果我是老师，我将怎样有条理地把这个问题讲透彻，我不肯不求甚解，一定要知其所以然，也就是人们所说的"钻牛角尖"。我不好意思问老师，因为连我自己也觉得这些问题不是现在应该掌握的，但我就是停不下来，时常钻得我脑壳都疼。

学校举行最后一次模拟考试，我以优异的成绩取得了全校第一名，老师和同学们都认为我考上大学没问题，我也信心百倍。

十五、高　考

　　天气越来越炎热，住在不透风的客厅里，感觉就在火炉里。姑姑和表妹的房门关着，客厅只有大门上的眼窗透气，没有任何其他窗户。我实在热得受不了，就卷着草席到铁路旁的高楼顶上去睡觉。

　　楼顶上已有两个邻里的孩子，看见我来了，他们很高兴，缠着我讲故事。

　　我讲以前看过的民间故事，加上自己的胡编乱造，他们却听得津津有味。

　　睡下后，我发现有两只蚊子在我身上叮咬，我拍了两下，但实在是太困了，也顾不得了，渐渐睡着了。

　　早晨醒来，我们相视哈哈大笑，我们满脸、满身全是黑的，像是从煤窑里爬出来的。是火车喷出来的煤灰落到了我们身上，连床单也弄黑了，洗脸时鼻孔里流出来的都是黑水。

　　高考就在这炎热的夏天如期而至。

　　姑姑为了我能有个好成绩，还特意买了我喜欢吃的小沙鱼，但我已紧张得食不甘味，加上热，已没什么胃口。

　　第一天，考语文，我觉得还顺利，就是作文是改写何为的《第二次考试》，让我们始料未及。此前，我们从未接触过改写，更没进行过这方面的练习，我不知从何下手，只是简单地变换了人称，无法发挥我的想象，平时积攒的锦词丽句更是一无用处，我觉得很遗憾。

下午考物理，由于天气燥热，加上总认为数学学好了，物理自然就会，平时没多下功夫。因此，一道似曾相识的物理题，绕来绕去就是解不出，十分的大题，总觉得能解出来，弃之可惜，花了很长时间解，越拖心越慌，越慌头越昏，最后还是做错了，还影响了后面的解题，心情糟透了。

夜晚睡觉时，老想着白天没考好，加上屋里异常闷热，翻来覆去地睡不着，直到夜很深了，才迷迷糊糊入睡。

次日，一觉醒来天已大亮，我连早饭也顾不得吃，急忙赶到学校，但已迟到了。教室外没有一个学生，只有王老师在路边焦急地等着，看见我来了，松了一口气。我一摸口袋，准考证忘带了，我跟监考老师说，监考老师说赶快找班主任来。我喊王老师过来，王老师得知情况，同监考老师商量，让我先参加考试，他负责去拿准考证。我告诉他姑姑的名字和工作单位，他急忙去找姑姑，我进教室考试。

进了教室，心里一下子难以平静下来。今天考数学，慢慢朝下做，发现题目相当难，竟然有几题根本不会做。待回过头来仔细思考，还未动笔，时间已到了。觉得最拿手的数学连题目都没做完，心里越发没底。

下午考化学，出乎所料，大多是实验和有机化学的题目，而我们因条件所限，很少做实验，又以为有机化学不考，平时压根就没学，无机化学学得再好也没用。

最后一天了，心想我不会做，别人也可能做不倒，尽力考就是。上午考政治，觉得是按老师讲的做的。下午考英语，没任何压力，因为不计入总成绩。

这几天总觉得困，但又睡不踏实，就这样昏昏沉沉一路考下来，越考越没有信心，直到全部结束，才如梦方醒，决定此生命运的时刻就这样悄然而去了。

大戏落下了帷幕，我像一名失败的演员败下阵来，我感觉自己没有考好，近十年的苦读将付之东流，大学肯定考不上。

高考原来是这样的，既不像老师讲的那样简单，也不像我想的那样复杂，信息很重要，熟练很重要，可一切已太迟了，我留下了太多的遗憾！

在失落又掺杂着几分侥幸的期盼中，等来了分数。没想到数学考得最好，一枝独秀，理化考得最差，不忍目睹，总分离大学分数线差十分，只能上中专。

我很不甘心，觉得如果再给我一次机会，我会学得更牢，考得更好，一定能考上大学。这次给了我经验，我们考试的范围把握不准，平时课外的训练太少了，参考资料由于纸张的原因，到得太晚，还没来得及做，只注重课本基础知识的学习，没注意应考能力的锻炼，根本没有发挥出正常水平。

我太想上大学了，我多年的梦想不能就这么破灭了，我的未来不能就此了结。我向姑姑提出要求复读一年，争取又一次机会。

姑姑说："去读中专可以，毕业后就是国家干部，国家负责分配工作。想复读一年，不走的话，有可能下放农村。再说明年怎么样很难说，万一连中专也考不上怎么办？还是去算了。再不然，你去问问王老师。"

我到学校找到王老师，王老师满面春风："数学考得不错，全县没有几个及格的，你们几个考得蛮好，李建国全县第一名，你第二名。我查了你的卷子，做了的全部对了，剩下的没动笔。只是没能考上大学太可惜了！"

我说我想复读一年再考。

王老师说："按你平常的成绩考上大学应该没问题，能不能复读，学校现在还没定，但根据你的家庭情况，我看你最好还是走。"

在回家的路上，回味着王老师的话，想起祖父也说过："梁园虽好，但不是久恋之家。"姑姑也许不好直说，但横插在姑姑家也快两年了，虽然姑父、姑姑平时没说什么，但毕竟造成了许多不便。父亲每月给十五元钱生活费，继母早就不愿意，如果我去读中专，也可以给家里省下这笔钱，减轻家里的负担，也许继母能回心转意。看来，机会错过了，就错过了，它不可能两次等着你，我只能走读中专这条路了。招生简章说了，中专毕业工作两年后，可以再考大学，我将在四年后再圆我的梦，等着我吧！

既然选择了走，接下来就要填志愿，我想读师范，便于以后高考。

姑姑说："读师范当老师，分到乡下去，到时候连媳妇也找不到，你看你大伯就是师范毕业的，在农村三五个老师钩心斗角，又舍不得花钱吃，一直把身体拖垮了才回到城里，一辈子就完了。"

我说："那就读财校。"

姑姑说："你看，我就是搞会计的，非常麻烦，要处理好方方面面的关系，同人打交道很累。我看，你最好是学技术，你爱干净、整洁，报工校，到时候在工厂里当技术员，比什么都好。"

我想，反正现在的选择不会是我终生的职业，就随便吧。我按姑姑的意见将志愿填好，首先是工校，最后是师范。

我将表交到王老师手里，王老师看完后说："不要报师范，当老师不好。"

我说："我想读完师范，以后再考大学，这样，中专学的东西就有用。"

王老师说："读师范以后考大学，也只能报考师范类，国家有规定。你报工校蛮好，工校也学数学、物理。"

其实，我对当老师也很有兴趣，但我的最终目标是当一名科学家，在王老师的建议下，我将师范志愿擦掉了。

王老师当"臭老九"当怕了，他不想他的学生也走这条路。

忙完了这一切，等着下通知书，我想去看看祖母，好长时间没见了，不知道祖母怎么样。

十六、失　恋

回到家，祖母很高兴，露出豁了牙的口，难得地笑了，说烙粑我吃，我说我已经吃过。

家里的一切是那么熟悉，贫穷没有丝毫改变，连脏也依然如故。

父亲与继母已经分居，父亲睡在我从前住过的小屋里，继母的房门锁着。

我看祖母、父亲的铺盖都已经脏了，祖母年岁大了洗不动，我就拆了，提到河里去洗。

洗干净后，家门前的阳光不好，我就提到对面的楼顶上去晾。到了楼顶，我意外地看见了秦明月和杨晓玲，我的血液陡地加快了流动，感到脸上一阵火热，不知脸红了没有。我张开口准备同她们打招呼，可她俩头一低，从我身边走下楼去，我的嘴唇干涩地搭在牙齿上。

阳光是那样的灿烂，可我的心里飘进了大片的阴影。我呆呆地站了几秒钟，放下篓子，晾开床单，床单上全是补丁，是祖母粗粗歪歪的针线，白色和黄色的床单上是蓝布的补丁，非常刺眼，它是贫穷的标志，深深地刺痛着我的心！

我愣愣地走到楼梯口，我的家全部呈现在眼前：破旧的三间瓦房连着半间偏房，一边的山墙已严重倾斜，并有裂痕，墙头上几根野草在风中摇晃。楼上一米高的木墙板，有几处已脱落了，没有窗户，露出黑洞洞的口子。楼下的木墙板和楼上的一样，全部变成了黑色，偏房下面的木墙板已腐烂了，胡乱地堆着一些小石头。堂屋的木板门到处是裂缝，从敞开的门可以看见黑色的泥土地，没有靠背的几张椅子。瞎眼的祖母捧着瓦盆，在堂屋和厨房间忙进忙出。

　　家里的房子不仅漏雨，下大雨的时候，所有的盆盆罐罐都接着还不够，而且梅雨季节，因在山边，屋里会冒出一股股泉水，只好挖开一条沟，将水引到外面的沟里。地上到处都是泥巴，走路得小心翼翼，水干后，不得不铺上炉灰。雨停了，清凉的泉水仍在往外流，邻居们将衣服提到门前来洗。

　　家不成家，祖父像讨饭的一样，到处捡破烂。继母和父亲闹离婚，家里争吵不断，连我都要逃离，这样的家庭哪个姑娘能接受？织女不顾一切冲破重重阻碍，与牛郎相爱，那永远只能是美丽的传说。在现实生活中，家境是横亘在我和她之间的一道鸿沟。天河有喜鹊可以搭桥，七夕相会，可这道人间的鸿沟却难以抚平，无法逾越。如果我考上大学，或许能改变自己的命运，或许能够跟她在一起，但现在落榜了，一切化为乌有。

　　我的心沉到了谷底，明知道这是自然的结果，却不停地有一丝丝的伤痛。如果说这是失恋，我们却始终未曾明确开始；如果说这不是失恋，我的心为何又这般疼痛？命运啊！你给了我一颗不安分的心，为什么不给我一个正常的家庭呢？

我不忍再看下去了，急忙提着篓子下楼梯。初见祖母的喜悦心情已荡然无存，我不想碰见继母，告诉祖母我将床单晒在对面的楼上，就告别了祖母，心事重重地回到了姑姑家。

我想挣钱，我不能光吃闲饭。姑父单位搞基建，我要去帮小工，他同意了。

我的工作是搬砖，先将砖淋湿，然后装在斗车里，拖到升降梯里，倒在正砌的楼上。湿砖硌手，慢慢在消的老茧，重又磨起了新茧，太阳将我晒脱了一层皮，但我不觉得累。祖父说："劳动治百病。"艰苦的劳动，磨砺了我敏感的心，让我不再那么多愁善感。

劳动之余，难得有这么多的时间自由支配，我借来心仪已久的诗词，练毛笔字。

八月秋高风怒号，卷我屋上三重茅。

——杜甫

且放白鹿青崖间，须行即骑访名山。

——李白

同样的苦、豁达的心，让我忘却了眼前的落寞痛苦。我还有机会努力，等着我吧！

干了一个多月，领了四十多元钱，比姑姑一个月的工资还多，大家都很高兴。我买了两条烟送给姑父，感谢他对我的收留。他以一颗宽容的心，容纳我这个苦孩子，在如此狭窄的空间，该是多么的不容易！

滴水之恩将涌泉相报，我会永远记住的。

剩下的钱我交给姑姑，为我置办行李，准备远行。

别人接到录取通知书是高兴的，我接到却高兴不起来。在遗憾和不甘中，我挑着姑姑给的旧木箱和被子，带着新脸盆、新水瓶，在姑姑的陪同下，离开家乡到外地求学。

十七、失 落

新学校令人失望，零散的三栋三层楼房，没有一个大操场，更别说绿树如荫、芳草萋萋。它是一所新建的学校，规模不大，草木稀少，灰土遍地，与我心目中的学校相去甚远。我理想中的学校应是绿水环绕，有一个大大的草坪操场，旭日挂在整齐的大树梢头，楼房掩映在碧绿的树木丛中。

在三楼一个三十多人居住的大寝室，我找到了写着我名字的下铺。收拾完行李，我到教室去看，它是一个五间屋的大教室，里面排满了桌椅。

我找到一位师兄，询问学校的课程，没想到这位师兄一听口音，也操着家乡话说："哎，我们是老乡呢！"所以非常热情，拿出自己的书给我看，并介绍说："前半年学基础课，有高等数学、理论力学、材料力学、电工学，以后就学专业课，最后半年实习，学制两年半。

我翻着师兄的书，都是很大一本本机械方面的专业书，枯燥无味，我一看就后悔了，当初填志愿时，为什么不提前到各个学校考察一番？现在学制还要延长半年，还不如到师范学习。

回到寝室，我将转学的想法告诉姑姑。

姑姑说："学校环境是不行，当时也没想到来看一看，如果你一定不喜欢的话，我有一个同学在这儿教委里，晚上到她家去，让她想想办法。"

晚上，我和姑姑走了很远的路，来到她同学家。姑姑讲明了来意，同学说："这事归招生办管，我们教委管不了，况且政策也不允许。"

听了这话，我满腔希望落空了，招生办在哪里都不知道，找谁呢？只好同姑姑一起回到学校。

姑姑安慰我说："不能调学校，就安心地在这里读，两年半快得很，毕了业就好了。"

安顿好我，姑姑连夜赶回了老家。

寝室床铺中间的过道上方拉了一根铁丝，挂满了毛巾和湿衣服，显得拥挤不堪。

我的上铺一直空着，上面贴着白雪飞的名字。白雪飞最终没来，过了十多天，一个名叫马青原的同学住到了上面。他说白雪飞去复读了，他当时因病未被录取，现在是补录。我非常羡慕白雪飞，虽未谋面，但他的名字却牢牢地刻在我的脑中。

整个年级三个班、一百多人就在那个大教室里上课，老师很少在黑板上写东西，因为后面的同学根本看不见。

高等数学虽说高考涵盖的不多，但我想用高等数学的方法解决高考题目，也还不错。电工学纯粹是在炒现饭，全是高中学过的东西，我觉得是在重复学习，是在浪费我的时间，因此，连作业也不做，腾出时间做高考复习题。

教电工学的老师发现后，找我到办公室谈话，要我全补起来。无奈，只好当场补做，非常容易的题目，不抄题，只解题，很快就做完了。

老师说："你的物理高考成绩我看过，并不好，为什么不做作业呢？"

我无言以答。

他将作业检查完，看我做得又对又快，有所缓和地说："今后可要按时做哟。"

我点了点头，很不好意思。有生以来，这是第一次被老师责罚。

高等数学我很感兴趣，一直用心在学，竞赛时获得了优胜奖。但第一名的同学，年龄比我小两岁，本来考上了大学，因个子太矮未被录取，来读了中专。他比我的成绩好多了，我感到天外有天，人外有人。

机械制图虽说都是几何图形，但它跟几何完全是两码事。它不是计算，是机械地照搬。

随后跟高考不沾边的课程越来越多，我简直太痛苦了。

我给姑姑写信：

来到学校，我才知道当初的选择是多么的草率，选择是痛苦的，更痛苦的是错误的选择。人应该跟着心走，我没有按照心的指引填报师范，现在真是太后悔了！当自由摆在我面前时，往往视而不见，一旦失去自由，我才懂得它是多么的珍贵！可一切都太晚了，转学不成，退学不能，我只能在绝望中煎熬，在苦恼中挣扎。热爱是最好的老师，只有热爱，才能全身心地投入。不喜欢的专业，无法倾注我的热情，只能马马虎虎地应付，注定是学不好的，我在痛苦中徘徊，在徘徊中痛苦，我不知道我的路在哪里……

过几天，接到姑姑的回信：

接到你的信，我详细地看过两遍，也考虑了一晚上。今天又与你婆婆、爸爸商量，我们都很担心你，怕你想入了迷，你爸爸怕你像他一样想得糊涂。你是吴家的希望，未来寄托在你的身上。但也只望你在尽有的范围内上进，不能无原则地异想天开，要脚踏实地地一步一步向前走。

你在信中说，复读万一考不上，你自己心甘情愿，在这样的情况下，我后悔当初没由你自己填志愿。但我当时为什么又让你读工校呢？这是我的亲身经历，说出来供你参考。

想当年，我一九五九年中学毕业，幸运地考取了重工业学校湖北冶专，当时家庭比现在还贫困多了，你爹爹没正式单位，你婆婆只能做家务，你大伯读师范，你爸爸到处打小工。我也和你一样，决心争气，好好读书。在冶专看到那些读大学的同学，十分羡慕，我下定决心中专毕业再读大学，实现我的雄心壮志。谁知国情变化，大城市疏散人口，把我们这些城镇来的同学都下放回家。什么理想，什么抱负，统统都考虑不上了，只能考虑怎么活着。

当技术员、工程师是在城里的工厂工作，是许多人（包括我）梦寐以求的理想，你现在有机会实现，应该好好珍惜。在城镇工作，人多见识大点，也许有更多的条件供你学习。如果师范毕业按成绩分更好，按门路分到乡村教书，你的机会也只是在师范的这一年多。大伯的路是例子，他学习好，为什么分到无名的小村？三五个老师心眼小，钩心斗角，生活又特别差，大伯的身体一天不如一天，最终的结果你清楚。

你太年轻，不要想入非非，如果说你的想法天真，你会说我这个姑姑不了解你心中的愿望。记住心有天高，命只有纸薄，命就是条件！

行行出状元，只要努力就会有成功的人生，就像电影《小字辈》中的那样，不同的选择，同样的精彩！

越是家庭条件差，越要加倍努力，不要后悔，不要郁闷，只要好好学习，你的理想和愿望一定会实现的！

我觉得你有今天就算不错了，用心学习两年，走上工作岗位，婆婆能活着看到该多高兴！

这个月十五号你爸爸开支后，你再回来一次，就会有钱买圆规、三角板，或者买个水瓶，你要少喝生水，尽量地找点开水喝，有病要到医院去看，不要胡思乱想，把身体搞坏了，才真是辜负了全家老少的希望。

我仍不死心，我不相信命运，我相信凭自己的努力，是一定能达到目的的。

机会终于来了，不到一天，姑姑又来了一封信，别的什么我都没在意，只注意她说父亲和继母离婚了，我只觉得老天终于开了眼，给了我希望，阴霾的天空透出了一缕阳光，我可以住在自己家里安心地复读了！

我找教导主任要求退学。

教导主任矮胖胖的，很亲切，问我："为什么要退学？"

我说："我不想读中专，想上大学。"

教导主任说："中途退学，两年内不准考，你要考虑好。"

我说："我考虑好了。"

他说："这是大事，你要跟家里商量好。"

我说："我已跟家里说了的。"

放学后，学生会主席来寝室找我，他是七七级的，看起来比我很要大几岁，显得很老成。他叫我到侧边的阳台上去谈谈，他说，是教导主任让他来的，希望我慎重考虑，不要一时冲动，以免后果无法挽回。

但我铁了心，说什么也听不进去，只盼着回家安排好了，就办退学手续。

元旦放假，我连夜赶回了老家，祖母非常高兴，得知我尚未吃饭，立即去热饭菜。

晚上，父亲喝茶回来，我和父亲躺在一张床上，继母从前的房，现在由妹妹睡着。父亲靠在床头抽烟，我躺在另一头，我向父亲提出退学回家复读。

父亲忧伤地说："我现在心如死灰，跟当年你妈死的时候差不多，人活着，心死了。我有半个多月没上班了，单位改革搞计件，有事就上工，无事就在家里玩，多劳多得，再玩下去生活费就没有了，我哪还有能力管得上你。"

听父亲这样说，我心如刀绞，所有的希望都落空了。开始我只顾考虑自己的想法，觉得继母走了是好事，给我提供了又一次机会，对家庭也有好处。我没有体会到父亲的痛苦，现在才发现他再一次地受了个大打击，我从此也失去了稳固的肩膀，不禁悲从中来，失望的泪水忍不住流下来。我哭泣着说："看来我只有继续读下去了，等毕了业再说。"

父亲也泪流满面："只怪我没本事，单位也要垮了，不能再继续供你了。"

任无助的泪水尽情地流淌，我感到心像被掏空了一样。渐渐冷静下来，我擦干眼泪，从此刻开始意识到，我已成人了，不能再想着依靠家人，我该自己奋斗了！父亲能撑着这个家已经很不容易，我不能再给他增添负担，我已无退路，该自己往前闯了！

这一通泪水，让我告别了充满梦幻的少年时代，成为迎接我十八岁的成年礼，它流尽了我最后的无助、软弱。我明白从此以后，我不能再信马由缰地胡思乱想，因为我必须自立。从今以后，我也绝不会再流相同的泪水了，因为我长大了！

第二天，我来到姑姑家。

姑姑说："你后妈这个歹毒的人，她不知你爸爸的好处，欺骗了我们吴家十年，我为此也很伤脑筋。人生的教训！为人不能太死心眼，不害人，但要防他人害你。已到了这般地步也没办法，从头再起吧。"

我不知道继母为什么要来害我们，她不来，我也许能考上大学，即使考不上，也有机会复读，可现在我失去了这个宝贵的机会，它将会影响我的一生。

姑姑叹口气："我最叹惜你爸爸了，他一辈子本分老实，胆小怕事，又容易想不开，却总是不顺心，痛苦的事多，愉快的事少，负担又最重，爹爹、婆婆又总是他养着，再加上爹爹心中有很多闷气，成天总是吵吵嚷嚷，所以，你爸爸觉得他这一辈子再也没有好处了。我说，你后妈走了，你们也长大了，这个家会好起来的。"

我暗暗发誓：一定要努力，让她好好瞧瞧！

姑姑又说："你想读大学，以后更有出息，那当然好，不过，现在这样也不错，事在人为。只是牛早没人管，不好好读书，初中没毕业就不想再读了，想找事做。那么多待业青年，又没有路子，工作哪里好找？只好准备让她到街道的小饭馆洗碗。"

妹妹是耽误了，作为一个女孩子她受到了更多的漠视，我还有地方逃避，她连逃避的地方都没有。

回到家，看见妹妹在帮着祖母洗衣、做饭。她高兴地对我说："哥哥你替我好好读书，我上班了给你寄钱。"

我说："我的助学金够花，不要你的钱，你攒着自己以后用。你为什么不读书呢？你还这么小。"

她说："我读不进去，在学校也是瞎耽误时间，不如早点出来找事做，赚钱把家建设好。"

祖父回来了，他仍旧穿着那件长大衣，因为穿的时间长，加上脏，已看不出它原先究竟是灰色还是黑色。

他说："竹篮打水一场空，她借你的树荫，养大她的一双儿女，就像螟蛾，将螟蛉养在蜂窝里，螟蛉长大了，就飞走了，头也不回地飞走了！马有垂缰之义，狗有泾草之恩，替她白养了这么多年，连一句客气话都听不到。"

我觉得弟弟和小妹妹也很可怜，他们也是无辜的，但愿他们有一个更好的环境。

命运就这样决定了，我无力改变命运，只能顺应环境。首先，一定要毕业，少休息一点，高考复习和专业学习两不误。

学校的助学金分甲、乙、丙三等，甲等十二元，乙等九元，丙等六元，我是乙等，是刚入学学生分组自我介绍家庭情况，然后由学校综合评定的。有了这九元钱，我每个月的生活费用就差不多了。

每到下最后一节课，许多同学都蜂拥到食堂窗口排队打饭。为了不浪费这二十分钟，我总是等大家都打完了才去，这样常常只剩下包菜，有时甚至连包菜也完了，就打点酱萝卜条吃。

我经常在教室里看书看入了迷，赶到食堂时，卖饭的窗口已关闭了，我走进食堂，洗菜的师傅说："这是个好伢，总是帮我抬菜。"

打饭的师傅一边为我打饭一边说："现在像这样的好伢少，要是别人我就不打了。"

洗菜的师傅年龄大，有时看到一大盆菜他搬不动，我顺手抬一下，没想到无意的举动，竟落下了人情。

祖母和姑姑很心疼我，每次回家的时候，总让我带一大缸子咸菜炒小鱼或糯米粉来。

姑姑又寄来了一封信，她说父亲又上班了，给了五元钱让她寄来，让我注意身体。

晚自习的铃声早已响过，寝室已经熄灯，我仍坐在教室里复习。

林建群从后面走到我身边："我看你总在复习高中的课程，难道你还想再考大学?"

我说："是的，打算以后再考。"

林建群说："以后有机会我也想再考。我看你天天晚上总是最后走，我非常佩服你的精神。我有一本赵复初的《平面几何》非常好，送给你看。"

我收下这本泛黄的书，感到不甘心的人还不止我一个，发现终于有理解我的人，我连声说："谢谢!"

我翻开书仔细地看起来，越看越喜欢，它将难度很大的平面几何，分门别类，归纳出各种解题方法，解析得头头是道，化难为易，简直太棒了!

林建群爱看书，也爱买书，嗜书如命，见了喜欢的书不顾囊中羞涩，先买了再说，常常弄得连生活费都不够。

我没有养成乱花钱的习惯，生活依然节俭，家里寄来的钱我总省着。林建群敷不住的时候，就找我借钱。

新一年的高考来临了，我非常羡慕那些能走进考场的人，天天关注着高考的消息。考试一结束，我就找复读的李建国，他考上中专没有走，寄来高考试卷，晚自习时按高考的规定时间，分几个晚上全部考了一遍，最后按答案判卷。

面对考试成绩，我流出了无声的泪水，这是悲伤的泪水，是痛惜的泪水。这个成绩上重点大学应该没问题，这才是我正常的水平。老天啊！你为什么不给我第二次机会？去年为什么出那么多偏题、怪题，将我拒在大学门外？

眼瞅着机会就这样从我身边悄悄地流走，我痛悔自己太胆小、太老实，总是瞻前顾后，面对一只看不见的手，心怀畏惧，踌躇不前，没有勇气不顾一切地重考，现在只能留下深深的遗憾！

马青原是白雪飞的老乡，他说白雪飞考上了武汉大学，我为他感到庆幸。

李建国来信说他考上了华中理工大学，我更为他高兴。

顺从还是叛逆？我苦苦挣扎了一年，最终不得不接受命运的安排，听天由命。再也不会有奇迹发生了，我只有耐心地等待。但我一定还要考，我工作后还有机会，我绝不放弃。

只是与秦明月相别一年，不知道她现在怎么样？一想起她，我的心就隐隐作痛，一种酸酸的感觉袭遍全身。思念是一根绳，牵着天上飘着的风筝，我在这头，她在那头。这头的我默默地想念她，悄悄藏在心底，那头的她也许全然不知，高高飘在天上。听说她也在外地读书，离我并不远。有时我躺在架子床上，幻想着给她写信：

风轻轻地吹着，吹起了满天落叶，我迎着风沙，踩着遍地的落叶，轻轻地向你走去。牵起你的纤纤素手，走向无际的天涯，用我的一生呵护你，直到看不见太阳再一次升起……

但是一想起最后一次的邂逅，她是那样的冷漠，我的心就凉了。虽然她近在咫尺，但我觉得她比嫦娥还远。世界上最远的距离，不是天与地的距离，也不是生与死的距离，而是心灵的距离，纵使对面，也无法诉说！我只祈盼她能等我。

我拼命压制我的好恶，咬牙坚持学。我有时巴不得从楼上掉下去，摔断手脚，这样我就可以心安理得地不来上学，去干自己喜欢干的事。此时我才懂得，妹妹为什么那么厌学，逼迫自己装下不愿意装的东西，真是说不出的痛苦。但我现在也明白，我不能半途而废，再艰难首先必须毕业。我必须忍耐，因为忍耐才是唯一的出路。

十八、妹　妹

　　深秋，空旷的田野染上一层薄薄的秋霜，坐在空荡的教室里，已有阵阵寒意。正上课时，听见前面嚷嚷着叫我的名字，说是外面有人找。我走出教室，发现姑父来了。

　　他满面悲伤地告诉我："你妹妹出事了，赶快请假回家。"

　　我大吃一惊："出了什么事？"

　　他说："她喝药了，现在正在医院抢救。"

　　我请了假，和姑父一起赶向火车站。

　　在路上，我问姑父妹妹为什么喝药呢？姑父说是为谈朋友，具体的情况他也不清楚。

　　我回想调皮、爽朗的妹妹，上次还吵嚷着要当家，巴不得把这个家建设好，怎么转眼就想不通了呢？继母走了，她更应该看到希望才对呀！

　　我们赶到医院，妹妹躺在病房里，姑姑在旁边啜泣，看见我们来了，不禁失声痛哭起来："怪我没招呼好，怪我没招呼好！"

　　医生掀开白色的被单，量了量心跳，慢慢地摇了摇头："太可惜了！长这么干净。"

没想到妹妹已长成这么大一位漂亮姑娘了，我仔细端详着妹妹清秀的脸、紧闭的双眼和嘴唇，我真希望她只是睡着了，发现我来了，突然睁开一双灵活的大眼睛，调皮地望着我笑，甜甜地喊我一声"哥哥"。可她躺在那儿一动不动，任亲人如何悲伤，也毫不理睬。我的泪止不住地流下来："怎么会这样？怎么会这样？"她是这样年轻、稚嫩、美好，怎么能就这样离开我们呢？

第二天，我们将妹妹埋在母亲的旁边，看着母亲坟旁的新坑，我的心也被掏空了。我和妹妹没有将母亲喊出来，现在却将妹妹送进去了！一直与我同甘共苦、在黄连中泡大的妹妹，就这样与我阴阳两隔了。

回到家，祖父流着泪："悲莫悲？白发人送黑发人！这么乖一孙姑娘，你们不招呼好，就这么给弄丢了。我上辈子也没做坏事，老天爷为什么这样惩罚我？"

祖母默默地走进房中，父亲仍躺在床上抽闷烟。

我问姑姑："妹妹为什么喝药？"

姑姑说："牛早在餐馆里端盘子，有一个收税的年轻人经常来玩，说要和她谈朋友。我和你婆婆知道了，坚决反对，这么小谈什么朋友呢？可她不听，非要偷偷在河边约会，你爸爸知道后也打过一次。他家里得知儿子找一个既没正式工作，家里又穷的姑娘，也不同意。他同时玩了几个女孩，就与牛早分了手，牛早受到了刺激，一连几天没去上班，一直在河边徘徊，你婆婆总将她找回家。我也来说过她，现在好好上班，等长大了再谈不迟。当时我心想，小孩子嘛，懂得什么感情？过几天就会好的。没想到，那天你婆婆在家里做饭，还以为她在睡觉，喊她却没人应，一看没人，赶到河边，却发现她喝了药躺在那里，旁边放着一个空碗。"

"那人是谁？"我气红了眼。

姑姑说，"只知道姓杨，他父亲是税务局的局长。"

"这个畜生，我要杀了他！"我到厨房摸起了菜刀。

祖母和姑姑拦住了我，祖母颤着声音说："哎哟，我的心脏病都吓发了。"

看着祖母惨白的脸，我不忍让她为我担心，我慢慢松开了抓刀的手，姑姑将刀收了起来。

"那我要去告他，有什么证据吗？"

祖母拿出一张信纸："这是你妹妹写的。"

"自古杨柳多悲风，萧萧秋风愁煞人。我去陪伴我孤独的母亲了。"

没有对任何人的怨言，只有与她年龄不相称的"愁"字，看来，妹妹宁死也不肯找他的麻烦。

"这无法告他，还有别的书信吗？"

"她全都烧了，什么也没有了。"

"难道就这样便宜了他？"

"这样的人迟早要遭报应的！"姑姑说，"也怪我们大人没有用，你爸爸只晓得出憨力，我大大咧咧的，没路子给牛早找一份好工作。她一直想找一份正式工作，我们实在是没办法。"

十六岁的花季，含苞待放的年华，就这样轻易地放弃。妹妹呀！你为何如此的悲观？你只看到污浊的小河，根本没欣赏到奔腾的大海；你只沉溺目前的困境，没瞭望广阔的天空。你真傻，你还有爱你的家人，你的人生之路才刚刚开始，在未来的生活中，你肯定能遇到将你视为珍宝的人，还有许多美好的生活等着你去享受，许多高尚的情感等着你去体验。你还不懂得什么是真正的爱情，什么是真正的幸福，你就这样为如此一个不值得你牺牲的人，放弃了珍贵的不可再求的生命。他可能照样没心没肺地吃喝玩乐，娶妻生子，毫无愧疚地欢度一生。而你却再也看不见日出日落，享受不到真正的爱情，品尝不到丰富的人生，只给真心关爱你的亲人，留下永远抹不去的伤痛！

我深深地痛悔自己只沉溺于自己的痛苦中，缺少对妹妹的关爱，没有同她多沟通交流，让她感觉到人生的些许温暖，以致永远失去了手足之情！我感到如此的悲凉。现在连为她申冤都不能，我恨自己太无能了！

我觉得妹妹这一生真可怜！那么小就没了母亲，我至少还有祖母的疼爱，可她作为女孩子，受到了更多的漠视。这么小就踏入社会，尚未认识到社会的复杂性，就像初春的花朵，尚未具备抵抗寒流的能力，就这样过早地凋谢了。

我想起小时候，我们一起"开火车"，我们一起砸石子，长大后一起洗衣裳，一起上被子。在困苦面前，她总是那么顽强、乐观，我从没把她当女孩子看待，没想到她也有一颗柔软、孤独的心，她在自卑中度完了自己的一生，根本没看到希望的曙光。妹妹，我一定努力，把我们的家建设好，让你在九泉之下瞑目！

回到学校，我一直不相信妹妹已离开了我，我真希望时光能够倒流，哪怕回到贫困的童年，我也愿意。

十九、希　望

　　高考暂时不能参加，资料又全部做完了，复习的热情降了下来，但求知的欲望并没有熄灭，我按兴趣看我喜欢看的书，在孤寂的生活中，它给了我慰藉，给了我希望，陪伴我度过了那难熬的漫漫长夜。

　　学校图书室很小，只一间房，几柜子书，一名年轻的女管理员，可那里却是我的快乐天堂。我最感兴趣的还是文学书籍，我一本接一本地借着看，看到沈德潜编的《古诗源》，我如获至宝，爱不释手，初次窥探到古诗的纯美，我觉得古人的心，跟我是相通的，特别是《古诗十九首》，让我真正领略到古诗的韵味。

　　看着浩瀚夜空中的一轮明月，在古诗的熏陶下，我觉得有满腔的话要说，我的梦想、我的压抑、我的失落……我不得不一吐为快：

　　　　我欲上天摘明月，
　　　　无奈羽翼被网结。
　　　　网中极力挣，
　　　　只得泪流血。

中天朗月何皎皎，
内心暗影悲切切。
月啊月，
如何破网将你得？
丈夫生世会几时，
安能垂翼只蹀躞？
定将月儿获，
拼将一腔血。
盖棺事则已，
此志永不灭！

马青原非常喜欢看小说，经常躺在床上看。我有时将他的小说借来看，没想到，当代人也能写出这么好的小说。姚雪垠的《李自成》、鄢国培的《漩流》，对人生的思考，对事业的追求，对爱情的憧憬，让我激动不已。

我渐渐变了，冰冻的心见到了曙光，我不再那么忧伤。我相信经过我的努力，我一定会成功的。

我结交了一群志同道合的朋友，我们互相帮助，一起打球、散步。疲倦让我很快就能入睡，友谊让我变得开朗了，日子不再那么难熬。

秋高气爽，我们一起到田里抠泥鳅，在塘沟里捉白鱼，然后放在煤气炉上清炖了一大锅，每人一小碗清汤，抓鱼的功臣有一条小鱼。寝室里鱼香四溢，笑语连天，这是我喝过的最香甜的汤。

林建群省吃俭用，买了一部小收音机，寝室里常常回荡着学英语的声音。

他告诉我："英语以后会非常有用，我在跟着广播里陈琳学英语。"

我觉得英语在未来高考中，计分比重会越来越大，也跟着广播学起来。

我安下心来，学校却动荡起来。艰苦的生活，脏乱的环境，许多同学都染上了肝炎，林建群也未能幸免，难怪他眼睛看起来黄黄的，他和好几个同学一起，被迫暂时休学回家治病，还有更多的同学边上学边吃药。

加上上一届学生分配出现困难，大家议论纷纷，像热锅上的蚂蚁，焦躁不安。由于经济体制改革，工业进行调整，最后大多数学生都转了行，学了几年没用的课程。我们感到前途渺茫，无心学习，整个学校笼罩在阴霾中。

林建群写得一手非常漂亮的钢笔行书，我很羡慕，我问他临的是怎样的字帖，他拿出来给我看，是样板戏的唱词，我到处买也没买到，他见我如此喜欢，临走的时候，将字帖送给了我。

学校进行了整顿，食堂进行了改革，环境卫生进行了清理，到处喷消毒液，我们也从大寝室搬到了十二人住的小寝室。学校召开大会，鼓励我们好好学习，虽不能专业对口，但分配不是问题。

放假回家，姑姑安排我到妹妹工作过的餐馆挑水、择菜。

姑姑说："餐馆的效益非常好，师傅们的工资比我的还高。没想到形势变化得这么快！农村分田到户，当兵要动员，许多工厂停了产，怪我还是没眼光，我就是在学工这条路上倒下去的，还让你学工，现在已没有后悔药。前不久，街道上开了一个服装店，我到上海去进的货，那真是赚钱！这么一看，你也不要读死书、死读书，自古华山一条道地走到黑，行行出状元，条条大路通北京。多学点社会学、关系学，这些比学文化还要强。识时务者为俊杰，我就是吃了这方面的亏。"

这些话我听得进去吗？

我只相信读书才有出路，知识改变命运。

经过一段时间的治疗，林建群病愈回来了。

学校广播里天天播放《太阳岛上》，甜美的女声，让我们的心情逐渐愉快起来，美丽的太阳岛，引起我们无限的向往！

电影《庐山恋》风靡了整个校园，我也去看了几遍。美丽、热情的周筠吸引了我，他们甜蜜、真挚的爱情让我憧憬，美丽如画的庐山让我陶醉。

原来生活也可以这样美好的！

快毕业了，学校组织我们到柴油机厂实习，偌大的车间只有一台机床在生产，胆大的同学上去操作了几把，大多数同学见习了几天。

我们要好的几位同学相约到照相馆合了影，林建群在照片上题词：折柳别故友，拭眼看鹏飞！

在《年轻的朋友来相会》的豪迈歌声中，我们依依惜别，互送照片，互赠留言，相约再见。

我的车只有下午的，待我来到寝室，发现早已人去楼空，只有我的铺盖孤零零地躺在那里，一丝惆怅涌上心头。我们像从高处泼下的水，无声地向四面八方各自流去。

我像来时一样，一头箱子，一头被子、脸盆，用一根棍子挑着，默默地离开学校，只是现在多了一大捆书，少了姑姑的陪伴。

学校依旧是原来的模样，没什么变化，而我经过这么多挫折和痛苦，我变了，我成熟了。

二十、工作

挑着行李，踏上家乡的土地，听着熟悉的乡音，感到异常的亲切。我又回来了，我的故乡！我的亲人！

祖母高兴得不得了，第二天做了一顿丰盛的家乡菜，我美美地吃了一顿。

祖父边吃边喝："在家千日好，出门万事难。回来好！回来好！"

我的毕业分配志愿全部填的是回家乡，只有回家乡，我才能重新开始，才能再一次地冲向自己的目标。

不知道找谁，分配只能听天由命。我被分到轻工系统，轻工系统最好的单位是烟厂，它是国营的，其余都是集体的。我找姑姑看能不能想办法分到烟厂，姑姑说有一位老街坊是轻工局副局长，去找他试试。

星期天，我们找到副局长家，副局长还算热情，待我们说明来意，他说，只要烟厂愿意接，他可以盖章子，但他不能直接安排到烟厂。

离开副局长家，我问姑姑怎么办，姑姑说她烟厂有一同学是技术科长，去找找看，只能死马当活马医。

随后，姑姑告诉我，那同学说他没这么大能力，帮忙接受一个人。

姑姑说："现在办事，没有钞票铺路，那是寸步难行，你听天由命吧!"

家里妹妹走还有欠债，哪来的钱送礼？况且，我对这一套非常反感。

第一次触摸社会，我感到了现实的残酷，在人情世故面前我感到无助。但我想目前只是暂时的过渡，随便分在哪里算了，两年后我将再次参加高考，我相信命运一定掌握在自己手中。

回家乡的同学全部分在行政单位或国营企业，我是唯一分到集体单位瓶子厂的，学的是机械制造，现在来制造瓶子，当年姑姑描绘的蓝图，坐在办公室里当技术员，现在不知去干什么？

我到工厂去报到，厂里一幢三层楼房，三个车间，全都灰蒙蒙的，高高的烟囱冒着黑烟，院子里杂乱地堆着装瓶子的篓子，到处是煤灰。

一看我心就凉了，难道这就是我的归宿吗？我怎么也想不到我会和这样的单位联系在一起，我绝不会就此罢休的。

我的目标是考上大学，在大城市宽敞明亮的工作室里，专心搞自己的科研，取得非凡的成就。

可眼前的反差实在是太大了，我简直不敢相信，我这么多年的书白读了。

我分到了机修车间，在院子里我碰到了二狗。二狗初中毕业就内招进厂，还有许多邻家的孩子也在这个厂里。

二狗惊讶地问："你分到了我们厂?"

我说："是的,在机修车间。"

二狗说："没想到你读了这么多年书,还是跟我们在一起,不过,机修也不错,很多人想去还去不了,不像我们在车间受烤。"

我说："走,到你车间去看看。"

走进车间,一股热气扑面而来,红红的炉火,映照着一张张年轻的脸,已是寒冬时分,但他们都只穿着单衣,脸上冒着热气。坐在旁边休息的工人,个个面色蜡黄、头发干枯。

二狗告诉我,他们是三班倒,每班八小时,轮流上。

这么冷的天,站在车间里什么也不干,就有一种憋闷、缺氧的感觉,若是到了三伏天,那感觉是可想而知的。

我体会到二狗是真的羡慕我,不管怎么说,既然来了,就要把眼前的工作干好。

上班不久,师傅叫我用铁皮做一个漏斗,尺寸大小叫我到隔壁车间现场去量,我心想这还不简单,拿了尺就去隔壁的洗料车间。

我来到装漏斗的地方,没想到竟是清梅坐在那里工作。意外的重逢,我们都很激动,虽说我们都长大了,但她那轮廓、那眉眼依然认得出来,只是比小时候更漂亮了。

她娇羞地一笑："还认得我吗?"

我说："当然,你是清梅。"

她深情地望了我一眼："我还以为你不认识我了呢？"

我连忙说："怎么会呢？你什么时候到这里上班的？"

她说："我下放回来不久，就来上班了。"

我说："呵，那有几年了。师傅叫我做一个漏斗，我来量一下。"

她说："就这个漏斗坏了，你看一下。"

我量好了尺寸，点头说："那你忙。"

她挥了挥手："再见。"

清梅家下放后，老房子卖了，不知道她搬到了什么地方。

我回到车间，按照量的尺寸在铁皮上画了一个梯形，用铁剪剪下来，然后想围拢来，可怎么也合不拢，一边是弧形，一边是直线。同事们看着我手中的怪物，都忍不住笑起来，师傅也别过脸，偷偷地笑着，我羞红了脸。

中午回到家，连饭也吃不进。我找来高中讲圆台的数学课本，哦，我真笨！圆台展开来是扇形，我做的是梯形，当然不行。我将量得的周长换算成半径，准备画两个圆弧。

下午上班，我在原来那块铁皮的缺口旁边，按尺寸重新画了一个扇形，剪下来后完全合乎要求。我终于舒了一口气，师傅也露出了满意的微笑，一个青工还专门问我是怎样做的，我蹲在铁皮上，一边讲，一边比画，直到教会他为止。

看着作废的那块铁皮，我觉得很不好意思，它是我的耻辱，我悄悄地把它藏在角落里。两年半的专业学习，理论课没用心，实践经验丝毫没有，一接触到实际工作，出洋相是可想而知的。我觉得我没学好，但一切都已晚了，我也不想从头再来，我只想以后一定要把握当下，绝不能再做后悔的事。

在机修车间只干了一个多月，厂里抽我去搞中心工作，清理职工建私房。根据建房人提供的名单，我到各个地方找人出证明，最远的跑到了邻县的乡村。走在乡间的山路上，我感到异常的轻松，我还是工人吗？

私房还没清理完，又来了一个紧急任务，送一名精神病人到外地去住院。他是一名年轻的工人，因谈恋爱受挫，整天到处乱跑。为了安全，他家里要求单位将他送去治疗。

我们一行四人，刚下汽车，他就拔腿跑向对面的旅社。旅社有几层楼，我派一人守住大门，我和另一人分头搜寻。我推开一个虚掩的房门，里面一个小个子的男人，正在对一位闭眼坐着的妇人施功，妇人的背后有一幅图，还没看清，我赶忙带上房门离开，可那人抢了出来，上来就要锁喉，我用力挡开。我的一位同事闻声赶来，他才住了手，我也无心恋战，还有任务在身。我想他肯定不是什么高手，绝对是江湖骗子，否则，是不会轻易出手的。最后，我们在楼梯下的厕所里，找到了病人。我们一路问，一路走，将他送到精神病院。

精神病院在郊区，高高的围墙，一个大院子，窗户全被钢筋棍封死。办完住院手续，我们离开时，他挣扎着要跟我们一起走，但被两名医生紧紧地抓住。虽说以前我并不认识他，但看到他绝望的样子，我心里还是很难受。

清理完私房，单位安排我参加人口普查。

职工宿舍跟生产区混杂在一起，我挨家挨户登记。房屋都很破旧，灰尘很大，大多数人跟我过着一样的生活。

因为我工作的认真、细致，镇里又抽调我到县里搞人口普查编码。我们工作、居住在招待所里，在那里遇见了好多往届的同学，他们都分在行政上，也是来搞编码的。

我们镇里去的几个人整天哪儿也不去，都很努力，即使晚上，其他人去逛街、看电影，我们也不外出，要么加班，要么看书，因此每次都得第一名。

一晃半年过去了。

我接到了林建群的来信，他在信中告诉我，大多数同学都改了行，还有一个不知为什么没有分配，自己在店里划玻璃。他和回家乡的大多数同学一样，也分在行政上，他对自己的工作很满意。他很担心我不能处理好自修与工作之间的矛盾，不能处理好与领导和同事之间的关系，提醒我既要有远大的理想，又要有踏实的作风。

我知道他是肺腑之言，但我没打算长干下去，不想考虑这么多复杂的关系，我认定的目标绝不能动摇，我目前的处境也不允许我顺其自然，我要努力！我要奋斗！

回到厂里，领导将我安排到财务股当会计，我非常意外，也很满意，我买来会计专业书从头学起。

每天我都早早地来到办公室，擦桌椅、算盘，倒垃圾，虽说单位不理想，但能干自己喜欢的工作，能有个好的学习环境，也还不错。

我每月工资四十五元，为将来作准备，我每月固定存二十元，父亲的工资留下烟、茶钱，剩余的交给我当家，我每天买菜，支配家里的开支。我总想多省点钱，我尝够了贫穷的滋味。

　　可刚存一点钱，一下子就花光了。

　　整条巷几乎家家安了电灯，就我家和张妈家没安。张妈家想安电灯，但供电所非要两家共表才肯安，于是，她和我商量一起安电灯。我写了申请，到供电所跑了几次，自己在家里将线走好。终于盼来了安装工人，安上表、搭上火，屋里一下子亮堂起来。祖母露出了欢快的笑容，我也不用在煤油灯下学习了。

　　刚安了电灯，吃水又出现困难。

　　以往整条巷都在医院里的水井里挑水吃，现在大家都接了自来水，就我家没接。我回家后，挑水的任务落在我身上，看着以前清亮的水，现在漂着一层灰和树叶，我感到担忧。喝上一口，从前略带咸味的甘冽井水，现在变得又苦又涩，带一股药味，我怀疑医院的污水浸到里面去了，这水吃不得了。

　　我找自来水公司接了自来水，拧开水龙头，白花花的水直往外面流，祖母高兴地颠着小脚找盆来接水做饭。

　　久别重逢的喜悦，很快就过去了，生活的重担过早地压在了我稚嫩的肩上，贫穷依然如故，要改变它，我感到不那么容易，前路茫茫，我只有更沉默。

二十一、忏　悔

冬天来了，我和祖母坐在炉边，祖母将双手搁在钢精锅盖上取暖。看着祖母乌黑皲裂的双手和帽边花白的头发，我不想让祖母再受累了，多次说她不听，只好违心地说："婆婆，你年岁大了，做的饭不好吃，我都吃不进了，总叫你不要做，你非要做，你再别做了，我自己做。"

祖母默默地坐着，一声不吭，随后几天也一直默不作声。为了让祖母高兴，我买了水果给她吃。

可忙人闲不得，祖母一闲下来，加上天气更加寒冷，她躺在床上起不来了。我以为她怕冷，上班前将炉子提到她房里。

父亲每天早上买了糊辣汤送到祖母床边，中午和晚上我做了饭送给祖母吃，但伙食很简单，祖母吃得很少。

我们才知道她是肺气肿犯了。小时候，祖母患肺气肿，姑姑送她去住院，我和妹妹哭得像泪人似的，回家没人做饭，觉得天都塌下来了。

我们着急地让祖母去住院，祖母说："老毛病治不好的，花那冤枉钱干什么？天暖和了就好了。"

家里也确实没积蓄，我只好相信祖母的话，盼着天气快快变暖。

正上班的时候，办公室主任告诉我，姑姑打来电话，说祖母去世了！

我的脑子一下子空了，心慢慢往下沉。我来的时候，祖母还好好的，怎么会就去世了呢？会不会搞错了？

我请了假，立即回了家。

祖母停放在堂屋的墙边，躺在母亲曾躺过的门板上，只穿着内衣裤，瘦骨嶙峋的，像一个小孩。

姑姑看见我回来，越发痛哭起来："我上班路过，想看看妈，进门一喊，却没人答应，到房里一看，被子掀开了，没看见人，我就到楼上找，发现她跪在楼板上，脖子上套着绳子。我连忙喊'妈、妈'，她没有答应，已经走了！"

听说祖母是这样走的，我的眼泪一下子出来了，抑制不住痛哭起来。我没用，没让祖母过上幸福的日子，她劳累了一辈子，没享一天福，就这样凄惨地离开了我们。

我认为祖母的死我有很大的责任。不让她做饭，使她以为自己是累赘，生了病也不愿意治，怕我们花钱，宁愿自己遭苦受罪，也不肯吐露半句怨言，生怕拖累我们。我没有想办法借钱，坚决地送祖母去住院，让她在病痛中煎熬，直至忍无可忍，无望地结束生命。也许，她是为我们着想，不想让我们为难，可她没想到这会使我心里多么难受，多么痛苦！

姑姑说："她以前说过，犯病的时候，呼吸困难，晚上喘不过气来，总是不能睡。怪我舍不得花钱，没坚持让她住院，她肯定难受得不得了，下了多大的决心，才走这条路。我真是后悔得不得了！我已通知了你爸爸，你守着婆婆，我去找人料理后事。"

我来到祖母房间，发现被子已被掀开，床上散落着我买的水果，还有一大摊的水渍。难道祖母失禁了？没想到肺气肿这么厉害，竟让人意识模糊，大脑失控。我更伤心地哭着。十个男儿九粗心，我太粗心了！根本不知道祖母生活在水深火热之中，这么冷的天，不知道她是怎么熬过来的。家里就三个男人，她不肯跟任何人吐露半个字，一直在痛苦中煎熬。她的一生，就这样，默默地忍过来。

我太自责了！我的祖母，我的恩人，在我还没有完全成熟，还不懂得爱为何物，还不懂得珍惜的时候，就这样离开了我。也许她是为了我好，才选择离去；也许她认为到了该摆脱的时候，才选择离去；也许她看不到任何希望，才选择离去。不管怎样，我的心里烙下了永恒的伤疤，我此生永远无法报答她，我的过失永远无法弥补！

在葬礼上我怀着悲痛的心情，含泪念着悼词："……祖母一生为我们呕心沥血。我自幼失去母亲，当时妹妹才一岁半，是祖母一勺一勺将我们喂大，以她那无比的慈爱，抚慰我们失去母亲的痛苦心灵，日夜关心着我们的冷暖，关心着我们的安全，含辛茹苦地将我们兄妹俩拉扯大。七十多岁，还颠着小脚上街买菜，下河洗衣，病重时仍坚持为我们做饭，生怕我们下班后吃不上热乎乎的饭菜。而正当我能赚钱奉养她老人家的时候，她却与世长辞了！这怎不叫人肝肠寸断啊……"

送走了祖母，祖父变得更脏，他成天穿着姑姑为他准备的寿衣——一件黑色的棉布长袍，像从古代穿越回来的，跟周围的人整整错了一个时代。这件长袍从开始泛着蓝靛的光，到后来发白，直至反射出油亮的光，它像武士的铠甲，一年四季几乎不离身。以前祖母经常帮他洗洗，祖母去世后他自己洗，却好像很少洗干净过。

虽然生前他跟祖母总是磕磕绊绊，但少了祖母，他却感到无所适从："什么功名利禄、酒色财气都是假的，只有生老病死才是永恒的规律，任何人你要是逃得掉死亡，我算是服了你。人生一世，草木一秋，人活在世上就是为了受罪。"

没有了祖母，我才体会到了孤独。家里白天经常只我一个人，冷清清的，空荡荡的。哪怕是祖母躺在床上，我也会觉得我不只是一个人，有祖母陪着我。

如果家庭不是如此的贫穷，我不是如此的小气，祖母也不会就这样轻易地离开我们。我要努力！一定要让活着的人看到希望，彻底改变家庭的面貌。我的目标没有变，我要考上大学，只有上了大学，我才能达到目的。

二十二、再　考

经过一年的社会磨炼，我的兴趣发生了根本的改变。这么多的痛苦、无奈，这么深的体会、感触，让我觉得有一肚子的话要说，我向往的已不只是安静地坐在象牙塔里搞科研了，我更想做的是，把我满腔的话说出来，我现在已不想只把文学当作我的爱好，而是要当成终生的事业。因此，我决定改考文科。文科虽然要考历史、地理，但我都喜欢。而理科除加考生物，我以前没学过外，物理、化学也加大了实验内容，对于自学来说，是相当困难的。历史、地理我虽从没学过，但看着课本我很感兴趣。兴趣是最好的老师，只要感兴趣，是一定能学好的，我准备全身心地投入其中。

白天上班，中午下班的时候，我带一点菜回家，天天几乎是青菜和豆腐。一位卖豆腐的老婆婆，将我认熟了，她的豆腐、千张、干子，渣太多，总是最后才卖出去，我来得晚，只能买她的，分量却很足。然后做饭，待吃完，拣好场，又该上班了。衣服我们是各洗各的，祖母在的时候，她帮祖父和父亲洗，我很早一直是自己洗。生活已没任何乐趣，唯一的支撑是对未来的希望。我每晚坐在房里，安心地学习借来的教科书，一直学到深夜，实在是太困了，才上床睡觉。但我不觉得累，因为有一个目标吸引着我，让我无法停歇。

再冷的天，我也不感到寒冷，因为心里憋有一股火。我学着学着，突然听见外面传来"毕毕剥剥"的声音，像着火了，我循声找到厨房，发现堆积的麦草烧着了，火舌舔着屋顶，我急忙将坛子里的水泼在火堆上，火渐渐熄灭了。原来是祖父烤火时，没等退出来的火灰彻底熄灭，就离开了，热火灰引燃了麦草，差点酿成火灾。

祖父也很后怕："这么多年我一直小心火烛，生怕房子烧着了，没想到这次还是烧着了。我们就剩这点窝棚，烧完了就一无所有，连落脚的地方都没有。"

我想我们已经一无所有，我只能不顾一切地再拼一次。

五年的等待，高考终于再一次来临，但现在的高考与当年不一样，先要进行预考。我偷偷地去参加考试，五年的期盼，已让我变得很成熟了，没有丝毫的紧张，只有必胜的信心。

易鲲鹏财校毕业后，分到了银行，但他不满足他的铁饭碗，他和我一样，自小就有一个文学梦，我们不约而同地报考了文科。他住在单位的集体宿舍，为了不受干扰，他到我家和我一起参加考试，相互之间也可以互相鼓励。

我们一起来到母校，意外地碰见了朱宏伟，他也是来参加高考的。

听王老师讲，他第一年考上了技校，第二年考上了师范，他都没走，后来，越考越差，什么也没考上。他这是第六次参加高考了。

看着他黄瘦的脸，我想他跟我们一样，肯定也不甘心呀！

铃声响了，我们分头走进考场，再一次进行人生一搏！

上午考完，回到家，我将炉子提到门前生火，炊烟顺着巷子口的风朝里面吹去，弥漫了整个巷子。老干苦笑着说："牛夕又在放毒！"连忙回家将门窗紧闭，我只能抱歉地笑笑。

发好炉子，我就开始准备做饭，易鲲鹏坐在旁边复习下午的考试科目。吃完饭，我们稍作休息，又到学校参加考试。

紧张而忙碌的三天很快就过去了，我觉得我尽力了，但成绩可能不太理想，并不像我曾经想象的那样容易，因为五年的光阴，知识更新得太快了！

在焦急的等待中，成绩很快下来了，历史、地理都考了八十多分，但最拿手的数学，因没时间复习，却没考好，新加的英语因根本没跟着课标系统地学，考得最差，总分没过预考线。跟应届生比起来，长时间地脱离学校这个良好的学习环境，没有老师的指导，没有复习资料，没有应考范围，漫无边际地学，盲目地应考，最终注定是要失败的。

失落再一次降临到我的身上，而且比上次更严重。上一次我只是感到没发挥好，如果再给我一次机会，我会把握住的。这次对我的打击太大了，我感到自己已落伍了，再也不是当年那个佼佼者了，我的自信心受到了严重的挫折，我痛心地感到，光凭一点小聪明，仅靠有限的业余时间自学，要想和受正规教育的千军万马一起争过独木桥，不是那么容易的。我多年的愿望，无数个日日夜夜的努力，就这样轻易地付之东流。高考这道门槛，又一次无情地将我拒之在大学门外。

至此我才明白，命运的缰绳并不是时刻掌握在自己手中，只要你努力，就唾手可得。时机太重要了，因为机遇稍纵即逝。

易鲲鹏比我考得要好，他过了预考分数线。

他安慰我说："我真为你惋惜！以你的聪明才智，绝不该如此，但又上班又做家务拖累了你，命运对你太不公平了！王老师也深为遗憾，他向学校力争一个指标，但校长不肯，希望你能谅解！"

我说："让你们费心了，不过没关系，明年再来。"

他说："你的毅力是这样坚强，在生活中你是强者，这绝不是那些幸运儿所能企及的！条条大道通罗马，我相信你绝不会被一时的波折所压倒，一定会在今后的事业中有所成就的。"

我说："你不要再安慰我了，我不会倒下的。抓紧时间去复习吧，祝你取得好成绩！"

易鲲鹏走了，我该怎么办？

二十三、转　机

　　工厂越来越不景气，产品堆在院子里卖不出去，靠贷款发工资，厂长一年换一个，却没有任何起色。听说又要从局里派一个新厂长来，我疑惑地看着同事们不解地问："为什么不让朱厂长当厂长呢？我看他蛮合适的。"老股长瞪大眼睛，吃惊地看着我。

　　新厂长在晚上举行的欢迎大会上露面了，他穿一套整洁的蓝中山装，头发梳得光溜溜的，瘦瘦高高，白白净净，一看就是从办公室里出来的。

　　他说他是"飞鸽牌"的，厂子搞不好，他可随时调走，苦的是大家，他希望大家珍惜自己的饭碗，千万不要把厂子办死了，因为大家都是"永久牌"的，哪儿也去不了。

　　新厂长说的是实话，但听着心里总不是个滋味。

　　分管青年工作的是一位三十出头的洪大姐，齐耳的短发，瘦削的身材，她是大城市下乡的知青，最后嫁了一个农民，曾经红极一时。她让我协助搞宣传工作，虽然我很忙，但想着辛苦劳动的青工，他们的确该有丰富的精神生活，我痛快地答应了。

青年们最关心的是工厂的前途、命运，自己的饭碗。我将报纸上宣传改革的文章，摘录在黑板上，让他们了解外面的世界，知道国家正在发生翻天覆地的变化，人事制度、工资制度出现了前所未有的变革。我既希望厂领导能有所借鉴，更希望青年工人能感知时代的脉搏，燃起新的勇气。

　　我还将珍藏多年的格言摘录出来，鼓舞他们的士气，让困境中的工人，看到新的希望。

　　　什么是路？就是从没路的地方践踏出来的，从只有荆棘的地方开辟出来的。
　　　　　　　　　　　　　　——鲁迅《生命的路》

　　　一个人在遇到困难和挫折的时候，固然需要信任，需要支持，需要爱，可是在这样的时刻最需要的是他自己……不仅仅是自己的自尊，更重要的是要有自信，能自拔，肯自勉，图自强，自强不息呀！现实生活告诉我，有志气的人是推不倒的，因为即使他倒下去了，也能靠自己的力量站起来！
　　　　　　　　　　　　　——话剧《金子》台词

　　　在人类历史上能成就伟大事业的，往往不是那些幸运之神的宠儿，却反而是那些有崇高理想，发愤图强，遭遇诸多不幸而又矢志向学、勇往直前的苦孩子。
　　　　　　　　　　　　　　　——《中国青年》

我希望这些在迷惘中无数次激励过我、安慰过我的句子，能让更多的年轻人，特别是苦孩子，引起共鸣。

以前，青工班间休息的时候，总坐在门口的篓子上或开低俗的玩笑，或沉重地垂着头打盹。现在，很多人聚到黑板报前流连，有的还拿着笔和纸抄录上面的东西。

经常来光顾的青工小熊上书，说业余生活单调枯燥，精神苦闷，建议厂里针对年轻人的特点，开展多姿多彩的活动，丰富文化生活。

洪大姐很快采纳了他的建议，准备组织一次文娱活动，让我准备一些谜语，猜中的搞一点奖励。

晚会在车间办公室举行，办公室有两间屋，上面是布瓦，下面是泥地。房顶拉着彩带，换上了大灯泡，墙四周贴满了我用红纸写的一条条谜语。

我首先宣布猜谜办法：大家认为猜住了的，先到我这里来对谜底，对住了，才可以将谜面撕下来登记，不对的，不能撕，别人可以继续猜。猜中的取前十名，每人发一套职工中学的教科书，价值五元多。其余按猜中的多少，奖励糖果。

大家很踊跃，一下子围过来几个人，我让一个个说。

小李很会猜，一下猜中两个：

风吹草低见牛羊（打一字）　　谜底：蓄
聊斋志异（打一成语）　　谜底：鬼话连篇

小熊没读什么书，但居然也猜中一个：

孔雀收屏（打《三国》人名）　　谜底：关羽

女工"电影迷"猜中有关电影的谜底：

落英缤纷（打一演员名）　　　谜底：谢芳
买卖婚姻（打一故事片名）

　　　　　　　　　谜底：《不是为了爱情》

像有些难度较大的谜底，竟然也有人猜出来了：

舢（打一句唐诗）　　谜底：轻舟已过万重山

当然猜中更多的是与日常生活联系紧密的谜语，
诸如：

整容（打一动物名）　　　　谜底：画眉
恍然大悟（打一动物名）　　谜底：知了
珍贵的粮食（打一植物名）　谜底：玉米
玉帝手（打一花草名）　　　谜底：仙人掌
以智胜勇（打一食品名）　　谜底：巧克力
没脸见人（打一食品名）　　谜底：面包

屋里挤满了年轻人，大家都站着，气氛很热烈。虽说
青年工人大多数读的书不多，但一条条谜语被猜中，大家
开心地笑起来。前面猜中的人随即到洪大姐手里领教科

书，后猜中的领糖果，领到的糖果分给大家吃，一边吃，一边讨论，好不热闹。

接下来是文艺表演，大家将中间一块腾出来，围成一个圈。先是一段二胡独奏《奔马》。

接着是一群小姑娘的舞蹈。

然后，我朗诵了纪宇的一段《风流歌》：

风流哟，风流，什么是风流？
我心中的情丝像三春的绿柳；
风流哟，风流，谁不爱风流？
我思索的果实像仲秋的石榴。
我是一个人，有血，有肉，
我有一颗心，会喜，会愁。
我要人的尊严，要心灵美好，
不愿像丑类一般鼠窃狗偷。
我爱松的高洁，爱兰的清幽，
绝不学苍蝇一样追腥逐臭。
我年轻，旺盛的精力像风在吼，
我热情，澎湃的生命似水在流；
风流呵，该怎样将你理解，
风流呵，我发誓把你追求！
……

最后出场的是清梅，一曲《离别了朋友》，演唱得委婉动人，赢来热烈的掌声。

有人喊："再来一个，好不好？"

大家齐声说："好，再来一个！再来一个！"

她又即兴为大家表演了一段舞蹈《阿里山的姑娘》。曼妙的身姿，轻盈的动作，又赢来阵阵叫好声，将晚会推向了高潮。

从小一起长大的姑娘变得如此能歌善舞，真令我刮目相看。我刚从那个女生很少的封闭环境出来时，面对妙龄异性非常羞涩，她常找我聊天，让我渐渐适应下来。她漂亮、开朗、活泼，像一阵风，走到哪里，将笑声带到哪里。唯一遗憾的是她没读什么书，像一面透明的玻璃，让人一下子看透了。

过了几天，我刚吃完晚饭，清梅长发飘飘地来到我家。

她兴奋地说："厂里很多人在学跳舞。"

我反问："学跳舞？"

她深情地凝视着我："我们一起学好吗？"

我毫不思索地拒绝："不去，我学那干吗？"

我只想着我的自学，我的时间太宝贵了，我哪儿也不能去。

她睁大眼睛，失望地看着我，面色变得苍白，我从未见过她如此的忧伤。

她沉默了一会，慢慢地站起来，默默地走了。

我这才醒悟过来，她是在期望着什么。她也的确可爱，但我的心已装不下别人，我的心里只有秦明月，我正在努力，等条件成熟的时候，我会去找她的，我的人生不在这里。

我以为我的人生已到了最低谷，没想到老股长找我谈话，说厂里安排我去基建股，让我马上去报到。

基建股由朱厂长负责，连我一共四个人，厂里经常连工资都发不出来，哪来的钱搞基建？分明是冷宫。

我不解地问："我干得好好的，为什么要我去基建股？"

老股长说："那里需要人，厂长点名要你去。"

老股长是一个快六十岁的老头子，瘦长脸，架一副老花镜，总是抿着嘴，一言不发，从眼镜上方盯着人看，特别喜欢漂亮女孩子，见她们总是笑嘻嘻地摸着她们的手，将糖果塞到她们手中。

我无奈地收拾东西准备去报到。

路过洪大姐的办公室，她看我一个人快快不乐地走过去，就喊住我，悄声问："你是不是说过朱厂长当厂长很合适的话？"

我茫然回答："是说过。"

她告诫我："以后注意不要再说这样的话。"

我糊里糊涂地卷入了派系斗争，不知不觉地得罪了人，我丢掉了我喜欢的工作，成为一个牺牲品。

朱副厂长是老中专生，曾在中学教书，因与女学生谈恋爱，坐过牢。他习惯将钢笔插在灰色中山装的上衣口袋里，一脸正经，不苟言笑，为了一雪前耻，总想干出一番事业来。他会打窑炉，懂配料，还教我们搞成本核算，我的会计核算的第一课就是他在仓库里给我们上的。我觉得他既有技术又懂管理，还熟悉各方面情况，一定能带领我们摆脱困境。

厂里的形势越来越艰难，怎么样突破目前的困境？工厂如何发展？厂里组织相关部门在厂长办公室商讨对策，基建股全体参加，我在旁边作记录。

供销股长："产品质量不稳定，色泽、厚薄、大小不均，包装落后，运输破损率几乎达20%，几个地方要求退货或停发。现在制药行业不景气，医疗体制改革，包装更新，我想应该转产，上新设备。"

财务股长："贷款已逾期，银行催着还，产品积压过多，在途产品拒付十几万，亏损严重。这个月的工资不知道怎么办。"

朱副厂长："就目前情况看，应该上新生产线，转产啤酒瓶、罐头瓶、汽水瓶。经过前期市场调查，有大量的需求。经预算新生产线需要投资两百多万元，如何解决资金问题，这是我们面临的难题。"

新厂长："目前停了一个车间，人浮于事。以前吃惯了大锅饭，以后怎么办？传统产品丢不丢？上三瓶行情怎样？还须调查研究，希望做些能更具充分说服力的论证。资金能不能落实还不能肯定，需要向上级汇报。今天大家讨论得很热烈，明天分股室继续讨论。"

第二天，我们股接着讨论，想让工厂起死回生，觉得还是得上三瓶。朱副厂长让我们先作准备，安排我天天描图，将书上的机械图放大，以备不时之需。

我离开财务股后，很快一名漂亮姑娘接手，她是从车间调来的。

一天早上，许多人在过道上议论纷纷，说是昨晚上厂长喝多了酒，深夜摸进了这个姑娘的寝室，被人发现了……

我虽说学的是机械，但我喜欢干财务，我不想走，但又无法诉说，更不愿厚着脸皮求人留下来，看别人的眼色。我陪着朱副厂长做黄粱梦，画饼充饥，心里苦恼极了。我的出路在哪里？我想靠个人奋斗，但高考这条路似乎已走不通了，我无法追回逝去的光阴，无法跟在校生竞争。连祖父都说："为人要认命，不认命不行。命里只有八分米，走遍天下不满升。"我不想认命，但又有别的办法吗？没有，我看不到任何希望，我只有硬着头皮往前闯，准备继续参加高考，殊死一搏。

工作三年了，但家里没什么变化，要倒的房屋像山一般沉沉地压在我的心头，却无力改造它。我不服输，我绝不能就此罢休！

祖父说："无农不稳，无商不富，现在允许做生意，你给点钱，我到信阳去找我的老朋友，做点生意，肯定比你上班强。"

我说："你六七十岁了，还做什么生意？你那些朋友这么多年，还不知道在不在。"

祖父说："我领个路，你可以跟着做呀！"

我说："做生意要资本，哪来那么多本钱？"

况且我从心底里认为："万般皆下品，唯有读书高。"我读了这么多年的书，怎能就成为一个生意人呢？

正在我迷惘痛苦的时候，像黑夜的天空闪现一颗明亮的星星，易鲲鹏带来了好消息，他说银行面向社会招人，要我赶快写一份简历，由他递上去。难道世道真的变了？改革的春风终于吹到了小镇？我的命运也会由此改变？

银行派人事科长当面进行了考察，初步确定我和另一位中专生备选，他是财校毕业的，正在国营单位搞会计。银行主任说我不是科班出身，搞财务时间也不长，没有他合适。人事科长准备一起上报，最后由行长决定。

行长审查后，得知我学过设计，搞过财务，以后可以向预决算方面发展，是银行急需的人才。另一位财校毕业，条件也不错。就发话，谁先办好手续谁进来。

在这紧急关头，我想到了洪大姐，她名气大，人员关系好，说话有分量。我将情况告诉了她，她挺意外："平时没听说你要调走呀？也没看见有什么人来找你。"

我说："这就是最近的事，我也不知道能不能成功，所以就不敢声张。"

她说："不过这是好事，水往低处流，人往高处走。厂里我会帮你说的，就现在这种状况，估计问题不大。局里如果需要的话，我也可以帮你打招呼，分管人事的副局长我跟他关系蛮好。"

我感激地说："那太好了！麻烦你了！"

厂里很快就同意了，我急忙赶到局里。

我找到分管人事的副局长，原来还是那位老街坊。

他说："小洪跟我说了你的情况，你为什么要调走呢？"

我说:"当初我想到烟厂,你们将我分到了瓶子厂,现在厂子不景气,而银行正好要人,所以我要走。"

他说:"不要走,我把你调到局里来。"

我说:"谢谢你,那边我已说好了,你就帮忙让我走吧!"

副局长也没坚持,也许他只是客气,他签了字,我拿到办公室盖了章。

下一步是人事局。

有了经验,人事局没费多大口舌,很快就盖了章。

在焦急的等待中,易鲲鹏打电话让我去报到,我心里的一块石头终于落了地。

我乘车赶往县城,终于有心情观察窗外的风景,看着这些熟悉的山坡、池塘、农舍、田野,我想起小时候步行去找继母,整整走了一天,去追逐我的梦想,去获取一份母爱。这些风景既让我亲切又让我心酸,如今从窗外一掠而过。如今顺着这条路,我又去追逐我的梦想,我的心情特别舒畅,我将有一个稳定的工作和学习环境,从此,我的人生将翻开崭新的一页!

我找到易鲲鹏,他说行长要见我,我问:"是不是该买点礼物去见他?"

他说:"这个行长很清廉,不用买任何东西。"

我在易鲲鹏的带领下来到行长办公室。

行长室很简陋,普通的办公桌椅,不像我想象的那么豪华,但很干净整洁。

行长五十多岁,个子不高,鼻梁挺直,见了我们露出和蔼的笑容。易鲲鹏引见后，就去工作了。

行长亲切地说："小易讲了你的情况，知道你从小就没有妈，吃了不少苦，相信吃苦的孩子会有出息的。在这里好好干，尽快熟悉业务。"

我感动地说："谢谢行长，我一定会努力的！"

行长说："好，到人事科去报到，明天正式上班。"

人事科长通知我到家乡沙河当会计。

我到易鲲鹏的办公室同他告别，他送我出来，高兴地拉着我的手："我马上就下班了，我们一起吃午饭。现在好了！你有一个好的生活和学习环境了，今天是崭新的一天，让我们并肩作战，一起共同努力吧！"

是的，今天的确是我新生命的开始。

"人生的紧要处只有一步。"在我人生的紧要处，我遇到了这么多的贵人，我一分钱没花，就捧上了铁饭碗，这在以前是不可想象的。是母亲在冥冥之中帮了我，还是我受的苦感动了上苍？我不知道。但"士为知己者死"，我一定不辜负他们的期望！

二十四、自　学

　　我到沙河办事处上班，交接后，我就开始工作，一边干，一边学。我不想让人当成生手，白天轧完账已很晚了，吃完饭，我就开始自学，很快掌握了各种业务，能够独立工作了。

　　不久，一位跟主任关系非常好的公司经理找到我，让我在一张空头进账单上盖章，他去提白糖，转手倒卖就可赚钱，他说主任已经点头，让他直接找我，事成后给我一千元。一千元，比我一年的工资还多，但这是不义之财，我丝毫没有犹豫，马上拒绝了。祖父说："君子爱财，取之有道。"我不能干违法的事，我要珍惜我的饭碗，绝不能做让恩人们痛心的勾当，我要凭能力挣钱，这样的钱用起来才舒心。

　　又到春节了，这是毕业后我最开心的一个春节。同学们组织毕业五周年班庆，得到这个消息，我激动得不得了！在外地工作的秦明月肯定会回来参加，我刚换了体面的工作，难道这是上天的旨意，将机会又送到了我的面前？

　　我高兴得天天哼着歌，一个人躲在寝室里练跳舞，我希望到那天能同她共舞一曲，好好地把握这次机会。相别五年，不知道她变化的怎么样？我急切地盼望着那个日子快快到来。

这天终于来了，我早早地来到学校，大门内的林荫路还是那条老路，教室还是那排平房。我来到昔日的教室前，里里外外搜寻着秦明月的身影，但始终不见，我又不好意思询问，正在焦急的时候，我身旁的两个女同学聊天时恰恰提到了她："秦明月和她的男朋友一起回来了，她男朋友的父亲是局长，家里条件特别好，马上就要结婚了。"

闻听此言，我的心里凉了半截。没想到多年来朝思暮想的姑娘，马上就要成为别人的新娘，我的期望彻底落空了。

秦明月终于出现了，她烫了时髦的发型，穿一件鹅黄色的中长大衣，玛丽莲·梦露般的漂亮脸蛋更有轮廓，比以前更白皙，更有风韵了。

不管是男同学，还是女同学，都围绕着她，如同众星捧月一般。她像一只高贵的白天鹅，在教室中央翩翩起舞。我穿着粗陋的、手工缝制的灰西服，三十元一套，像一只丑小鸭，躲在教室角落里，悄悄地注视着她，我粗疏的舞步、失落的心情，根本没有勇气邀她共舞。

舞会结束后，我们在操场上合影。趁为她们抱衣服的机会，我找她搭讪，问她在干什么工作。她低着头，眼瞅地，匆匆地回答我，像是要急着赶路似的。我见她丝毫没有交谈的兴致，就住了嘴。此刻，我明白她已心有所属，她找到了自己的归宿，我只能默默地祝她幸福了。我忐忑的心放下了，我永远没有机会了！我反而变得释然。但我心里从此种下了一颗种子，一定要找一个像她这样漂亮的女人。

短暂的相会，如同梦境一般，一闪而逝，同时将我的另一个梦击得粉碎，我多年的期盼彻底破灭了！我不能松懈下来，我不能停下前进的步伐，一定要找到心仪的姑娘，既然眼前碰不到，那个她一定在远方的某个地方等着我。我要继续考大学，离开这个伤心之地，去追逐我的梦想，不上大学，我会遗憾终生！

正在我准备继续参加高考的时候，祖父在单位的门外嚷着："你们别从门缝里看人——把人看扁人了，我的孙子就在这银行上班，还怕我跑了？买不起，还赊不起？现如今我是龙游浅水，虎落平阳，你们想怎样踩，就怎样踩！"

祖父在门口的大排档赊酒菜，我犹豫着该不该出去。

我在家祖父起码有热饭热菜吃，如果我走了，祖父和打一天石头的父亲将怎样生活？父亲的工资不稳定，他们都不会做饭，如果母亲要在的话，那就好了，我可以毫无顾虑地远走高飞。可现在我矛盾极了，我该怎么办？

正在我犹豫不决的时候，林建群给我来了一封信，他说他参加了全国高等教育自学考试，可以取得国家认可的大专文凭。随信寄来了手工制作的报名表和考试科目，建议我像他一样参加自学考试。他说既然人生的路无法再次选择，就应该正确面对，要丢掉不切实际的幻想，不能光顾着自己，也要为家人着想，祖父和父亲的年龄都大了，需要人在跟前照顾，你不能一走了之。

读着他的信，我陷入了深深的思考，我是不是太自私了？只想着自己的梦想，不顾及家人的感受。祖父年岁大了，需要人照顾。父亲也老了，打不动石头了。采石场使用风钻机打炮眼，不需要人铣钎子，父亲早已改行打石头，他又生性好强，不愿与比他强的人搭班，总是让眼睛近视的殷老大掌钎子，他抢大锤，常常累得上不了班，躲在茶馆里喝茶。我若不工作，家庭的开销从何而来？现在家庭的责任已落在了我的肩上，我不能再随心所欲地由着性子来。当梦想与责任冲突时，我只能选择责任。况且，行长将我招来，肯定希望我长久干下去，我也不能让他失望。

林建群说得对，我只能走自学之路。世界上许多人都是自学成才的，像华罗庚、齐白石、沈从文。我相信，只要有毅力，像他们一样，最终是会达到目的的。只是我永远没有机会走进大学校园，去沐浴那青春飞扬的怡人气息了。

易鲲鹏最终也还是没有考取大学，我跟他谈了自学考试的打算。不久，他打电话来说电大招汉语言文学专业的学生，我们都觉得这是目前最好的选择，所以我们准备报名参加考试。很快我们以前十名的成绩被录取。电大要经常到校听课，但我们因工作无法办到，经与老师商量，老师同意我们在家自学，只要考试合格就行。

学了不到半年，单位组织金融专业的高等教育自学考试，鼓励年轻人都参加。我和易鲲鹏都觉得这对提高业务素质有好处，对工作有帮助，也报名参加了。

除了工作，我就是学习，我沉浸在实现理想的喜悦中，无论自学多么枯燥，多么艰难，我都感到无比的充实。我如饥似渴地吸收着自己喜欢的、不喜欢的各种知识，将自己的脑袋装得满满的。

老干听说我在读电视大学，问我电视大学学的是不是修电视机。我说不是，是在电视上听老师讲课，读大学。她笑了，现在还有这样的大学！

高等教育自学第一次考试，包括主任在内的一半人不及格，随后他们就都放弃了。第一次考试基本上是公共课，因此我两门专业课过得非常轻松。随着专业课的分别，我感到了压力，毕竟时间和精力是有限的。我决定先确保电大毕业，自学考试以后还有补考机会，但我绝不会放弃，我一定都会毕业的。

每天夜晚，我都坚持自学，我哪儿也不去，有相识的姑娘来找我，我也无动于衷，只想读完我的大学。

我沉溺在自学中，主任不高兴了，多次在行长面前说我只顾学习，不顾工作。电大考试都安排在星期天，正好我休息，要去县城参加考试，我们都住在办公室里，前面营业，后面住宿。头天我告诉他，让他第二天起来开门。不知是他忘了，还是睡着了，没有按时开门。上班的人反映到行长那里，行长非常生气，主任把责任全推到我身上，说我没跟他说，行长把我狠狠批评了一顿，说我影响工作。我说我跟他请了假的。行长要我加强团结，不要互相争斗。我非常委屈，找主任理论，他矢口否认我请过假。我无语了，但从此看清了一个人，我相信时间会证明一切。

上班时，我从来不看自学的书，业务量大，即使工作得再晚，我也会把当天的工作做好。我的努力，终于得到了大家的肯定，一致认为我是一个特别负责任的人。

单位和家里都没有电视机，我只能跟着课本和辅导书学，因为热爱，电大的每门功课都是一次性合格，我快顺利毕业了。

学校布置几篇习作，要求自找两名高级教师写评语。我找的是当地师范的两位指导老师，其中刘老师曾经教过我，另一位徐老师跟我素昧平生，我只是在报刊上读过他的作品，是慕名前往。

没想到徐老师对我非常热心，先简单地将几篇习作浏览了一遍，看完后说写得不错，特别是《雨中母子图》很有生活气息。正好他有个学生也在他家里，学生也顺势看了一遍，他说《雨中母子图》写得太直露了。徐老师说这才是真情实感。徐老师让我留下稿子，过两天来拿，他要再好好看看。

《雨中母子图》是一个偶然的机会写的，我在街上遇到的一个场景，它一下子深深烙印在我的脑海中，让我为它感动：

　　那是清秋的一个下午，天突然下起了蒙蒙细雨，我急忙往家里赶。在路上，我看见一个没带雨具的母亲，挑着一双儿女，为防止幼小的儿女淋湿，她将自己的褂子罩在挑篮的绳系上，为较小的女儿遮雨，较大的男孩用自己的外衣罩着，她自己只穿着翠绿色的袄子冒雨前行，细雨打湿了她的头发，刘海贴在额上，袄子打湿的地方显得更绿，但脸上依然显出幸福的微笑。透过敞开的衣口，看见一双儿女正手捧着点心无忧无虑地吃着。一端的绳系上吊着一瓶酒，那肯定是捎给孩子父亲的。她一定是一个贤惠的妻子，一个善良的母亲，一种圣洁的母爱之意袭上我的心头。

我仿佛看见了我的母亲，那坐在挑篮中的分明不就是我和妹妹吗？母亲活着的时候，一定也像这样呵护我们。

只是母亲和妹妹都已离开了我。我独自伫立在这秋凉的街头，目送他们渐渐远去，我的眼眶湿润了……

过了几天，我又到两位老师家，两位老师都非常中肯地写了评语。徐老师还要求将《雨中母子图》誊一份送给他，我高兴地答应了，他的认可，给了我很大的鼓励。

经过三年苦行僧般的日子，我终于取得了电大文凭。摸着彤红的毕业证书，我百感交集，我终于在一个没有围墙的大学毕业了！实现了我的一个心愿。我还要努力，一定证明给大家看，自学并不比别人差。我不光要学习好，更要业务出色。

有人怀疑，一个不是科班出身的人，能干得过经过专业训练的人吗？为了证明自己，我一直在认真地学习专业知识，希望看好我的人不至失望。

　　证明自己的时候来了。分行要举行会计业务比赛，单位安排我参加。我也不知道自己行不行，但我决心拼一把。

　　分行组织我们在风景区集训，来的大多数都是年轻人，都好玩，他们游山玩水的时候，我就关在屋子里练珠算。天气非常炎热，由于长时间地看数字，我的眼睛长了挑针，又痛又痒，还影响视角，但我不敢停歇，我知道自己没有经过专业训练，我必须加油。

　　付出终于得到了回报，我取得了计息第一名的好成绩，我证明了经过努力，草鸡也可以变凤凰，我并不比别人差。

　　我终于可以放松心情，欣赏身边的风景。清澈的溪水、幽深的黑潭、陡峭的山崖、孤独的白云，它们是那样的安静，那样的美。

　　我还要继续学下去，取得金融专业的文凭，我不想永远是草台班子出身。

二十五、告　别

　　祖父可不愿意我一直这么生活，他说："男大当婚，女大当嫁，你都这么大了，还不说媳妇，一家人老三代，三个光棍，家不成家。有风声、雨声、读书声、婴儿的啼哭声，这才像个家。我跟别人讲你二十六七岁还没成家，有一个老朋友，主动提出把他的姑娘嫁给你，到时候挑十八担挑子来。这要在过去，父母之命，媒妁之言，我就替你做主了，现在新社会，恋爱自由，婚姻自主，我也不能当你的家，你要是答应，我就去跟他说。"

　　不知不觉，我已到了谈婚论嫁的年龄。我熟悉的同龄人，甚至还小很多的，不是结了婚，就是谈了朋友，有的孩子都能打酱油了。蓦然回首，适龄的女孩，几乎都已名花有主，我像到火车站去搭火车，去晚了，火车开走了，留下我一个，孤零零地在空空的站台上徘徊。

　　大学虽然读完了，但已不可能去远方寻找那个梦中的她，我只能在身边找。

　　因此，我对祖父说："你找的我肯定看不中，你要我找也可以，但你不要再捡废品了，天天搞得像个讨饭的，谁愿意嫁到我们家？"

祖父说："我不捡也可以，但你要给钱我打酒喝。没有酒，我不能过日子。"

我说："好，每月给你二十元钱，但说话要算话啰。"我当即给了他二十元。

过了几天，在街上我遇见祖父一手拿酒瓶，一手拿卤猪尾巴，边吃边喝，腋下夹着一摞废纸。

等他回到家，我问他："你不是答应我不捡了，为什么又偷偷在捡呢？"

祖父说："家里的饭像铣子，每顿我只吃一酒盅，你给的钱不够喝酒，我捡点干净的，不往家里拿，藏在外面，但多数被别人偷走了。蛇大窟窿大，你别小看我捡废品，我还能养活一个人，老韩哪天不从我这里弄块把钱？"

祖父说的老韩五十多岁，精瘦精瘦的，家在附近农村，经常来将祖父捡的废品背去卖，分点零花钱。

父亲说祖父讨饭还要"玩"小老板的味，搞一个跟班。

祖父说："舍得，舍得，有舍才有得，不舍哪有得？"

没办法，"江山易改，本性难移"，一辈子养成的生活习惯，就随他吧！反正一条街的人都知道他是一个破烂王。

下了班我在家里做饭，正炒菜的时候，王婆气喘吁吁地跑来说："赶快！你爹爹在街上被自行车撞了，在地上起不来，正好被我碰见，我抓住车把不准那人走，要他送医院，或者赔二十元钱。你爹爹摆手说，算了，算了，不要紧，别难为人家，让他走。我只好跑回来告诉你。"

我急忙将锅端下来，按照王婆说的地方跑过去，跑到半路，碰见祖父一瘸一瘸地慢慢朝家里踱。

我焦急地问："撞哪儿了？骑车子的人呢？"

他说："不要紧，没什么大碍，过两天就好了的。一个农村人，我看他急着赶路，就让他走了。"

我看祖父还能走，也许没什么大问题。

祖父摆手说："我没事，慢慢走回去，你先回去做饭。"

我想着炉子上的火，急忙回头往家里赶。

第二天，祖父的一条腿肿了，不能下床走路，我去买正红花油给他抹，每天将饭菜端到他的床边。过了十几天，他才能拄着棍子下床走路。

他感慨地说："当时没感觉，没承想伤了老骨头，俗话讲，伤筋动骨一百天，这回可把我坑苦了，一些时不能上街了！"

慢慢地祖父好了一点，他就拄着棍子上街买酒喝。他一边喝，一边将酒抹在伤腿上："酒是个好东西，它是粮食做的，既可以饱肚子，又可以治百病。"

单位通知我到支行开会。早晨起来，我煮了三个鸡蛋，到祖父的房里对他说："爹爹，我煮了三个鸡蛋，热在锅里，你自己再买点东西当中饭吃。今天我要去开会，晚上才能回来做饭吃。"

祖父说："好，好，我手里还有钱。老小老小，人老了就跟小伢差不多，需要人照顾。"

时光慢慢地流过，天气越来越寒冷，连门前小水沟两旁都结了薄薄的一层冰。祖父害怕出去摔跤，就在炉子旁烤火。

小时候，寒夜，祖父在堂屋的干墙下烧拣来的柴火，一边烤火一边同二狗的爹讲故事，我常常坐在旁边听。继母回家厌恶地说："又在烧窑。"

我正在上班，二狗爹气喘吁吁地跑来对我说："你爹爹被火烧了，赶快回家！哎哟！跑得我累死了。"

二狗的爹脸色苍白，张着口直喘气。

我立即请了假，也顾不上二狗爹，急忙跑回家。

祖父已脱得精光，躺在床上正努力地将被子朝身上拉。王婆在房门口不知是进还是退，正左右为难。

我掀开被子将他盖好，他要喝水，我将开水倒在碗里递给他，他一碗接一碗地喝，丝毫也不觉得烫。

王婆说："我听过路的说失火了！连忙过来看，几大的火哟！房子都差点烧着了。我看他衣裳都烧着了，赶快帮忙脱了下来，将他扶到床上。"

祖父喝完水说："我蹲在炉子上烤，不晓得大衣拖在炉子上烧着了，我闻着有烟味，就提起来用手捏，哪晓得一捏一跑，越捏越着，烧的火苗就快挨着楼板，幸亏王婆帮忙将衣裳脱下来，要不然，房子都点了。"

我感激地看着王婆："我去请医生，麻烦您再照看一下。"

王婆说："街南头有一个专门治烧伤的医生，他可以上门，你去看看。"

我请来了医生，是一个戴眼镜的小老头。他检查了一下，摇了摇了头说："恐怕不行，烧得太狠。"

我焦急地说："那就送医院去看。"

医生说："不用送医院，烧伤面积太大，拖不了多长时间，问他想吃什么，弄点他吃，赶快准备后事吧。"

医生提着药箱走了。

祖父说："人总是要死的，赤条条地来，赤条条地去。钱财都是身外之物，生不带来，死不带走。"

我问祖父："你想吃点什么？我去买。"

祖父说："我什么也不想吃，只想理个发。"

正好父亲回来了，我让父亲照顾祖父，我去请理发师。

祖父说："关键时候还是儿子、孙子好！还是儿子、孙子好！"

理发师叫来了，他打开黑帆布包着的工具，吩咐打一盆热水来，他将祖父的头挪到床边，让祖父将头伸出来，用拧干的手帕擦了擦，然后用刀子刮起来。

姑姑闻讯赶了来，她一进门就带着哭腔说："爸，你怎么搞的呢？"

理发师慢慢地理着，祖父说："好舒服，早就想理个发，一直都没有空。"

祖父再也没有出声，只有均匀的呼吸声，后来连呼吸声也听不到了。

理完发，理发师神色凝重地包上理发工具。

我问："多少钱？"

他说："十元。"

我给他钱："麻烦你了。"

他接过钱，夹着包默默地走了。

只听姑姑放声大哭："爸呀！你怎么就这样走了呢？"

原来祖父已离开了我们。

父亲低声哭着，我躲进房中，也悄悄地痛哭起来。

外面的哭声慢慢停下来，我走出房间。

姑姑说："我去做寿衣，你们去买棺材，还有落气纸。"

姑姑走了，父亲也去买棺材了，我独自在祖父身边守灵。

以前我以为祖父去世，我是不会哭的。他天天喝酒，日夜唠叨，让人无法入睡。他整天穿着寿衣，像唱戏的，到处捡破烂，搞得脏兮兮的，太丢人了！没想到，今天我还是发自内心地悲伤，既为他的不幸，也为我的无能。

回想祖父的一生，也够凄惨的，他从一个小老板到一个破烂王，个中滋味唯有他知。他常说，贫穷到奢侈易，富贵到节俭难。还说，时势造英雄，英雄造时势。可他还是想过"采菊东篱下，悠然见南山"的世外桃源生活，没有顺应时势，最终落得家道败落，捡破烂为生。他总说吃亏是福，吃得苦中苦，方为人上人。可他和祖母吃了一辈子的苦，却落得这样一个下场。想得我心里更加难受。

送走了祖父，家里显得更冷清。以前祖父唠唠叨叨，家里还有些生气，现在，我和父亲相对无言，更加沉默。

祖父要我早点成家，既然秦明月已结了婚，我不必再等了，我决心敞开我的胸怀，告别过去，去接纳另一个姑娘。

二十六、相　亲

　　姑姑也很关心我的事，总担心我会像妹妹一样，在婚姻问题上栽跟头。她曾为我介绍了几个，但我都没答应见面。这次，她又为我介绍了一个小姑娘，说是长得很漂亮，像"瓷娃娃"。

　　姑姑很喜欢看戏曲电影，比如《花为媒》、《花墙会》、《天仙配》等，受她的影响，我也喜欢看，因此也希望遇到一位绝代佳人。

　　这么多年来，本来我想留着我的恋爱空白，献给那个一见钟情的人，她既是我的初恋，也是我终身的爱恋。但既然直到现在还迟迟没有出现，那就在茫茫人海中寻找吧！

　　我和姑姑一起来到介绍人家，介绍人将我们迎进屋，然后将我引到房中说："你坐。"她就到外面客厅陪姑姑去了。

　　房内有两个小姑娘坐在床边，大些的穿一件墨绿色的毛衣，皮肤白皙，一双又圆又大的眼睛，好奇地打量着我。小的完全是一个孩子，等我和大女孩讲了几句话，她高兴地跑了出去。

怎么没看见介绍的姑娘呢？难道她等一会再来？我心里有些纳闷，就和小姑娘东一句西一句闲谈着。小姑娘一直微笑着，眼睛笑得弯弯的。

谈了一会，还没看见有大姑娘来，我决定起身告辞。

我和姑姑一起离开，她们送了出来。

走在路上，姑姑问我："怎么样？是不是长得像瓷娃娃？"

我说："就是她呀！怎么瞧着这样小？"

姑姑说："不小，已经二十了。"

这是我第一次正式和姑娘见面，但我却误以为她是介绍对象的妹妹，没有丝毫的激动和紧张，我的心是那样的平静。书中的爱情是那样的激动人心，那样的美好，令人心旷神怡、夜不能寐。难道对秦明月的思念已耗尽了我全部的激情，让我在别的姑娘面前再也激动不起来？姑娘不能不说是年轻漂亮，但初次相见，并没让我感到她就是我要寻找的那个人。虽然双方一见钟情的故事，现实生活中很少见到，但我依然憧憬那样的幸运能降临到我的头上。

姑姑说："我看还不错，你们就谈谈看。"

既然这么多年来未找到更合适的，那就先接触一段时间看看吧。

"瓷娃娃"的单位比较偏远，不方便见面，姑姑要来了她单位的电话号码，并要我多跟她联系。

我跟她通了几次话，电话里不能深谈，只能说些问候的话，我们约定了休息的时候，在她家见面。

傍晚，我按她说的地址找到了她家，她和母亲正在聊我的事，见我来了，让我到房里坐。

房间不大，门后堆满了农具，床下散乱地放着一双双皮鞋，这让爱干净、整洁的我有些不满意。房里没一本书，说明她平时不爱看书，我有一丝失望。这不像我想象中的姑娘闺房。

我有些沉默，觉得没什么可说，初见面该问的情况都问了，该说的情话还不到那个程度。

她却很高兴，从床下拿出一双红皮鞋，说这是她最喜欢的一双鞋，配她的那条黑裙子，简直太好看了！看她深深陶醉的样子，我真的不理解，她对穿戴为什么如此痴迷？

坐了一会，我起身约她出去走走，希望能找到共同的话题，但始终找不到契合点，丝毫引不起交流的欲望。我知道她文化程度不高，现在也明白她没什么思想。但怎么又能没任何爱好呢？我们没有共同的过去，无法回忆难忘的往事，又没有共同的爱好，难以谈起都感兴趣的话题。我侧身望着她，觉得她是那样的陌生，难道这个人将成为我的终身伴侣，我能陪她共度一生吗？不，我不能！

转了一圈，我心情忧郁地将她送回了家，也没有相约下次见面的时间。

我再也没去找她，她也很明智，明白我们谈不拢，也觉得我没什么了不起，也没来找我。我的第一次约会，就这样无声无息地结束了。

姑姑也很开明，并没有强迫我，她按我的意愿，介绍了一个漂亮的，其实，她更希望我找一个能干的，能撑起这个家。

没想到，如今我已沦落到了相亲的地步。曾几何时，有不错的姑娘找上门来，可因为我的傲慢与迟缓，错过了。也遇到过心仪的姑娘，但由于不了解，要么没敢开口，要么遭到了婉拒，我的自信心遭到了严重地打击。不过，好在我年龄还不算太大，还有时间慢慢找。

银行盖了新楼房，因为职工不多，我也分了一套二居室。新房进行了简装，一直梦想能住进这样宽敞漂亮的楼房，现在终于实现了。

我买了木料，每块锯成五公分厚，平摊在房中，只等找到对象，就可打造家具。

我对姑姑产生了依赖，寂寞的时候，我就朝她家里跑，听她讲哪里有漂亮的姑娘，一次次点燃我心中的希望。

姑姑又给我介绍了一个"长辫子"，卫校毕业的，在医院工作。

见了面，除了一条黑油油的长辫子外，没有一点漂亮的。我很失望，一点热情也没有。她却很兴奋，主动地聊起来，还要向我借书。按说我跟她应该有共同语言，可就是提不起兴致。

最后，书当然没有借，因为赵辛楣对方鸿渐说过："借书是男女恋爱的初步。"不想恋爱，书当然不必借。

我很伤心，想找一个美貌与智慧并存的姑娘咋这么难？

姑姑又相继为我介绍了几个，可没有一个成功的，不是我没看上别人，就是别人没看上我。也许老年人的眼光和年轻人不同，慢慢地，我对姑姑的介绍感到了失望。

又是一年春节，同学们成双成对的来来往往，只有我仍孑然一身。有人开玩笑说我："一年打十二个灶，却没有灶过年。"还有的劝我眼光不要太高，不要太挑剔了。

我扪心自问："我太挑剔了吗？"以前是有那么一点，见识过月亮，还会在意星星的存在吗？但现在不一样了，我想在满天繁星中，寻找最适合我的那一颗，可怎么也找不着，要么花了眼，要么她隐身。我羡慕我的同学们，他们都找到了自己的归宿，我请求他们，遇到有合适的，帮忙介绍一个。

班长的妻子还真帮我介绍了一个，约好晚上在他们家见面。

黄昏，我如约来到班长家。乍一看，虽不知姓名，但也面熟，因为她常到我那里去办业务。

她微笑着说："我们认识。"脸微微有点泛红。

班长说："那更好，就不用我介绍了。"

我约她出去走走。

她身材苗条，皮肤白皙，容貌清秀，言谈举止文文静静，穿一件方格子棉布上衣，一条黑裤子，一双平底布鞋，给人的感觉是清纯朴素，我理想的类型。

她说："介绍人说的时候，我想可能就是你，没想到真的是你！"她低头笑了，黑暗中露出洁白的牙齿。

我们并肩走了很长一段路，几乎穿过了整个镇子，因为谈得很开心，丝毫也不觉得累，我很久没有这样的感觉了。快到一个巷子口时她说："我曾经谈了一个朋友，谈了半年多，由于我的家不在这儿，就住到了他家，但他的父母一直嫌我的工作单位不好，所以，前不久我们就分手了。"

听了她的话，我的心里有一丝遗憾，不知道说什么好，我沉默不语，热烈交谈的兴致突然冷了下来。

她将我领进小巷深处，到一排低矮的瓦房前。

她说："这是我家的老房子，一直空着，我一个人住在这里，没有电，没有水，很不方便。"

她开了门，点了灯，见里面黑洞洞的，我就告辞了。

回到家，躺在床上我怎么也睡不着。她的音容笑貌一直在我眼前浮现，她的过去也始终挥之不去，我很矛盾。我爱的人，在我之前感情上应该是一个空白，她应该全身心地等着我，直到我出现。我非常喜欢眼前的她，但又对她的过去耿耿于怀。

第二天，单位通知我出差。

离开她，我才感到我是那样地牵挂她，我非常想继续了解下去，我盼望早点见到她。

三天后我回来，立即迫不及待地去找她。正好她拿饭盒准备去吃午饭，她穿一件玫瑰红的西装，阳光将雪白的皮肤映得白里透红，一头乌黑的长发，像瀑布般披散在肩头。如果说那天晚上我只看到了她质朴的一面，那么今天我又看到了她艳丽的一面。

我说我出了几天差，才回来，约她晚上见面，她答应了，但态度明显没有第一次热情。就像寒冬里的一枝腊梅，她是那样的冷艳。

我不明白她的态度为何变化的这样大，是自己几天没找她，还是她听说了什么？我希望弄个明白。我从来没有像现在这样度日如年、坐卧不安。我看着自己简朴的衣裳，这是表弟穿旧了不要，送给我的，觉得自己也应该打扮一下，这样才能配得上她。平时只想攒钱读书、做房子、结婚，根本舍不得买好衣服穿，认为人不能光看衣表，重要的是内在，是相貌。但今天一看，打不打扮有很大的区别。因此，我也不能显得太寒酸，我准备买一件二手西服，让自己显得精神些。

瓶子厂停止了生产，清梅和二狗在街上摆摊做生意。清梅在和二狗谈朋友前问我，二狗追求她，她该怎么办。我说，二狗老实、肯干，我觉得不错。他们结了婚，二狗非常爱清梅。我到他们的摊上选了一件日本旧货，五十元钱，是我半个月的工资。

好不容易熬到晚上，我想女孩子都喜欢吃水果，我顺路买了橘子，带到她住的地方。

她在家里等我，见我来了，笑了笑说："我们出去走走。"

我说："我出去了几天，没来得及告诉你，你是不是有些见怪？"

她说："这几天你不在，我也去打听了你一下。"

"他们说我什么了？"

她低着头微微一笑："我不想说。"

我心里一惊：是我的为人，还是我的家庭？我不明白。

她说："我们不合适，还是算了。"

我一听此话，焦急得嘴唇都干了："你怎么知道我们就不合适？我们还不够了解，只有继续接触，才能真正了解对方。"

她像是下定决心似的抬起头："还是算了，早点分手会更好！"

我们边走边聊，往回走的时候，她谈到了她的母亲，谈她母亲的辛劳。谈她的姐姐和姐夫，似乎很憧憬他们的幸福。让我觉得也许我不能保证她的幸福。

说这些话的时候，她有着淡淡的忧愁，像丁香花一样。

我觉得她很成熟，很有内涵，我们很聊得来。但可惜我正在失去追求她的机会。我不知道她为什么突然变卦，也问不出原因来，我看没有回旋的余地，只好心有不甘地说："你给我留下了非常深刻的印象，我会永远记住你的！"

分手后，天空下起了小雨，似乎老天也在为我的失恋流泪。回到家，闻着身上西服打湿后散发出越来越大的异味，简直觉得恶心，我担心她会误以为是我身上的味道，非常后悔买了这件旧衣服，我赶快脱下来，丢在阳台上。后来听人说，旧货是洋垃圾，是从死人身上扒下来的，我非常厌恶，毫不吝惜地将这件倒霉的西服扔掉了。

一旦失去了她，我才更感到惋惜，越是得不到的，就越想得到，我的心感到从未有过的疼痛。做好了饭，看着父亲狼吞虎咽地吃，我食不甘味，平时非常好的胃口，现在却怎么也吃不下去。她的形象，她的一言一行，在我的脑海中反复出现，我回味着她的每一句话，寻求她拒绝的原因，直到很晚也睡不着觉。她开始对我应该也有好感，我本来可能有机会得到她，但不知是我的犹豫，还是她听说了什么？使我彻底失去了机会，这让我更后悔，真正尝到了失恋的痛苦。

经过几天痛不欲生的日子，我的脑海中反复出现姑姑曾经说过的话："你会像你的爸爸一样，在婚姻问题上钻牛角尖，在死胡同里出不来。"我不断告诫自己，不！我绝不能倒下！我的人生才刚刚开始，任何人也不能把我打垮，只要我肯努力，我最终会找到那个跟我相互爱恋的人。爱情是乞求不来的，既然争取不来，就要学会放弃。我永远也不想过父亲和继母那种没有爱的日子。如果我不能找一个我爱的人，那么起码要找一个爱我的人。

我像害了一场大病，却又不能向任何人吐露我的病因，经过一个多月的煎熬，我才慢慢恢复过来。

我想到那些被我拒绝的姑娘，她们是不是也和我一样难受，我真诚地感到对不起她们。

既然相亲是一把双刃剑，不是伤害我，就是伤害她，是非常盲目的选择，我就不想再搞什么相亲了，我决定自己主动出击，去寻找合适的目标。

从家里到单位每天要路过文化馆几次，我常常看到一位女孩在院子里同别人打羽毛球，她长得非常像《庐山恋》中的周筠，亮闪闪的眼睛、活泼的性格，清纯靓丽。

我发现她是教舞蹈的老师，就报名参加学跳交谊舞。这在以前我连想也不会想的，时代变化得太快了！我不必每天闷声不乐，我也应该敞开我的胸怀，去拥抱这个多姿多彩的世界。

她的舞姿非常标准，身材也好，不愧是专业出身。在她的指导下，我进步得非常快，好像天生就有舞蹈的细胞。每次与她共舞，都有一种想飞的感觉，音乐一起，就有一种强烈的冲动，恨不能永不停歇。在人头攒动的大厅里，我只感到她搭在我肩头轻柔的手，掌在我手中柔软的腰，我随着音乐的节拍，陶醉在欢乐的海洋中。

我们慢慢地熟悉起来，接触得越多，我越发喜欢她。

再一次路过文化馆的时候，我发现她的羽毛球卡在球拍的网子中央，她用手慢慢地扒出来，我知道她的球拍打坏了，就买了一副送给她，她很惊喜，却不肯接受。

我说："我也喜欢打羽毛球，你拿着，有空我也过来打。"

她这才高兴地说："谢谢！"

经过一段时间，我感觉火候差不多了，正好在路上遇见她，就准备约她晚上单独见面，我刚问她："晚上忙不忙？"她立即岔开话头："我现在正有事，先走了。"她太精了，知道我想说什么，不想说出让我难堪的话，拦住话头不让我继续说下去，避免两个人都尴尬。当然，我知道她是在拒绝我，好长时间也不敢再提了。

有一天，我在街上碰见她和一个高大英俊的男孩子并肩逛街，我打听到这是她的男朋友，名牌大学的大学生，我自愧不如，彻底断了念想。

但我仍然去舞厅，希望有意外的收获，可好姑娘要么名花有主，要么高高在上，蓦然回首，那人不在灯火阑珊处。

"这是心的呼唤，这是爱的奉献，这是人间的春风，这是生命的源泉……"随着这首深情的结束曲，我慢慢地随着人群步出舞厅，热闹拉上了帷幕，带走的依然是惆怅，看来我的归宿并不在这里。

直到此时，我才感到万分后悔，前几年，有几个对我有好感的漂亮姑娘，我总觉得或者是这方面，或者是那方面，有不尽人意的地方，犹犹豫豫地就这样错过了，总以为有更完美的在后面，总认为像祖父说的："书中自有黄金屋，书中自有颜如玉。"只要拼命读书，所谓伊人，一定在水一方等着我。回想当年的幼稚，我现在才发现是我想得太浪漫了，人生却是实实在在的，只要有感觉，就要不顾一切地认定，她就是最好的，是最适合自己的。我真希望时光倒流，重新回到那样美好的时刻，我一定会好好把握的。可如今她们皆已花落人家，我只能望月兴叹，看花息心。

单位新招了很多年轻人，主任找我谈话，要我分一间房出来给别人住。到现在连女朋友也没有，我无法拒绝，只好同意。心里也一直不安，这房子还会是我的吗？

我想该端正心态，找一个实实在在过日子的，只要彼此不讨厌，怎么过也是一辈子，再漂亮也不能当饭吃。"无可奈何花落去"，往事不堪回首啊！

可你认为别人普通，别人更认为你不过是芸芸众生中的平凡一员；你自认为是个人物，但在别人的眼中，你什么也不是，只不过是一个遭淘汰的大龄青年。

失意像一片汪洋，浸漫了我的整个头顶。我现在终于明白有的人为什么那么好的条件，却终身未娶，不知不觉就这样给剩下了。

望着大街上来来往往的女人，我甚至悲观地想，随便找一个算了，只要她"下雨的时候晓得回家"。但耳边又不断响起姑姑说过的话："不要在女人身上栽跟头，两条腿的蛤蟆找不到，两条腿的女人多的是，十步之内必有芳草。"是的，我争取了，找不到好的，可以找差一点的，只要尽力了，就不应有恨！婚姻大事，既不能太苛求，也不能太草率，既要对自己负责，更要对他人负责。有人说婚姻就是缘分，难道说我的缘分还没有到？那我只能静静地等待。

二十七、结　婚

就在我几乎不抱太大希望的时候，她出现了。

第一次见到她，我眼前一亮，她长得太像秦明月了，只是没有她高贵的气质、漂亮的衣着，但她说起话来更温柔，有一种让人怜惜的感觉。

她是一个建筑队的会计，我看了看支票上的签名：苏红云，我记下了这个名字。

她有时请教我一些问题，看着她羞涩的样子，我想她对我可能也有好感。吸取以前的教训，我找熟人打听了一下，几个人异口同声地说，她蛮好，还没有男朋友，我就放心了。

我出门正好遇见她在银行大门口买东西，我就约她晚上看电影，她爽快地答应了。

我来到约会的桥头上，周围没有别人，只有一个姑娘背对着我，伏在栏杆上，穿一件粉红色的短连衣裙，勾勒出健美的身材。这会是她吗？正在探寻的时候，她转过身来，粲然一笑，原来是她！没想到她打扮一下也很靓。

我们沿着公路边走边聊，相互介绍了各自的情况。

她家在农村，兄弟姊妹很多，由于家庭困难，没读什么书，很早就出来帮工了。

我非常同情她的身世，她也很叹息我的不幸，两颗孤独的心渐渐靠拢了。我们一直不停地走着，她很温柔，大多数时候是我问她答，或我说她听，我们彼此聊得很有兴致，完全忘了去看电影。

通过初步的接触，我发现她温柔、善良、单纯，就是一块璞玉，我相信经过我的雕琢，她一定会变得光彩夺目的。一个人与生俱来的长相、身高是无法改变的，但她的知识、气质是完全可以再塑的。她天生丽质，我一定再让她独慧兰心。

想着她清纯、美丽的样子，我每天盼着和她见面，我终于找到了我爱的人，看起来她也爱我，我抑制不住内心的激动，写了一首诗送给她。

梦中的你

　　像清风吹拂大地
　　吹进我孤独的心田
　　久久地等待
　　只为梦中你的出现

　　像月光洒满山川
　　让我感到恬静　安宁
　　清澈　透明
　　你深情的眼睛

漂泊孤独的心
早已尝够了人世间的烦恼　苦闷
你温柔的笑容
将我深深地抚慰

在我人生的旅途上
已不再只有寂寞　伤悲
仅这梦中的一瞬
我已沐浴了欢乐的光辉

　　我买了几本讲女人装扮、修养的书，连同我学过的会计专业书一并送给她，我要让她内外兼修，焕发出崭新的面貌。

　　正当我沉浸在爱河中，庆幸自己终于找到了最合适的另一半时，这天晚上，她突然打来电话，带着哭音说要见面。我心里一惊，不知道发生了什么事。忐忑不安地等着她来。

　　她来了，一袭白裙，手里捧着一个用白纸包的整整齐齐的包裹，泪眼迷离，一副梨花带雨的凄楚模样。

　　我紧张地问："发生了什么事?"

　　她说："我们分手吧!"

　　我一听，血直往上涌，难道她对我有不满意的地方?难道我的命运就是总遭心仪的女人拒绝?

　　我不安地问："为什么?"

　　她突然轻声啜泣起来："我配不上你，我不想连累你，我家里太穷了，我也没读什么书。"

这是托词吗？我说："我不会嫌弃你的家庭，我也是穷家庭出身，如果只看重家庭，我就不会找你了。"

她说："我的弟弟病了，妹妹来要钱给他看病，我的家里这么多事，我……"她又哭起来。

我舒了一口气："哦，就这事呀！别着急，要多少钱我可以给。"看来，她真的是遇到困难，我想到小时候求告无门的处境，发自内心地想帮她。

她说："钱我已经给了，怎么能要你的钱呢？我只是觉得心里难受，怕以后拖累你。"

我说："别胡思乱想，以后我会尽力帮你的。"

她说："听你这么说，我好过一点，本来我想把你给我的东西还给你，现在我想留下了。"

我说："尽管放心，我是认真的，我不会拿感情当儿戏。生在什么样的家庭无法选择，人生的道路却是可以选择的。我相信，只要人好，其他一切通过奋斗都可以得来的。"

她把白纸包的东西抱在胸前："谢谢你给了我生活的勇气，我走了。"

我说："好了，回去睡个好觉。"

后来，她告诉我，她回去睡觉做了一个梦，梦见好大的太阳，感觉她的天空一下子晴朗起来，好温暖好温暖！

看来她将我视为她生命中的太阳，给她带来了光明和憧憬。我心里也一阵感动，能有人这么爱我，我还有何求？一种怜香惜玉的心境油然而生，一首诗不知不觉在脑海中形成：

在人群中我遇见了你
忘不了你忧郁的眼神
温柔的声音
你像雪花
悄悄在斜阳下融化
我愿化成一片树荫
静静覆盖在你洁白的身上
轻轻地拥着你
直走过春秋冬夏

红云晚上一有空，就来将我换下的脏衣服洗干净，这让爱整洁的我，感到很舒心。自小没有母亲，懂事后一切家务全靠自己打理，现在有个人体贴、关怀我，我感到异常亲切、温暖。我常常买来水果慰劳她，她一边吃一边问一些会计问题，我仔细地为她解答。我们彼此恨不能天天见面，感觉谁也离不开谁，但她每次都不能待得时间太长，否则回去大门给锁上了，进不去。

出差几天，我感到异常地思念她。以前出差，多一天少一天无所谓，但现在我感觉不一样，有了牵挂我的人，也有了我牵挂的人，我盼望能早点回家。我想让她高兴，让她惊喜，就到商场为她买了一套白色裙装。

回家后，我约她见面，当我将裙子送给她时，她欢快得满脸洋溢着幸福。

我告诉父亲和姑姑红云的情况，父亲什么也没说，他由我自己做主。

　　姑姑好奇地说："给你介绍了那么多城里的姑娘，你不答应，非要找个农村出来的，难道她长得像仙女？"

　　我炒了几个菜，接红云到家里玩，并让表妹们来作陪，她们都说好，又漂亮又温柔，她们喜欢。

　　那就是她了！她将成为我的终身伴侣。虽然我没有爱得发疯发狂，但也许正是这分平淡，才是真正的人生。

　　婚姻是两个人社会关系的总和，不只是两个人的事。人生不能两全，家庭环境好，个人又优秀的女孩子，能接受得了我这样的家庭吗？我觉得她简直就是上帝派来拯救我的，否则，我可能会打一辈子光棍！

　　我们兴奋地准备新生活的开始。

　　为了让这幸福的时刻定格下来，我们到省城去拍婚纱照。来到皇宫摄影，照相要取号，排在我们前面的有十几对，我让红云等着化妆，我去附近的商场买音响。

　　选好了音响，我又选了几盘磁带和唱片，等赶到皇宫时，远远地看见她在台阶上焦急地张望，她穿着婚纱，化好了妆，就像《天仙配》中的七仙女盼夫归来。走近一看，她简直是焕然一新，很有点像大城市的姑娘。见我来了欢喜地说："快！快要下班了，就等你了！"

　　美容师为我简单地化了妆，我和红云合了影，我们幸福地笑着。

　　过几天，我们去拿照片，皇宫赠送了一对非常精美的相框，将照片嵌在里面，非常漂亮。

随后我们去商场，我们挑了一枚不大的戒指。

我说："以后有条件，我再给你买大的。"

红云满足地说："大小无所谓，只要能表达你的诚心就行了。"

婚礼在单位分的新房里举行。

天不亮，我们就开车去红云家。因为天黑，我下车在公路边找了半天，才找到通往她家的那条土岔路。快到她家时，有一个大陡坡，汽车爬不上去，我们下来将车推了上去。

回到银行，接亲的同学将洗衣机挡在楼梯口，非要我将红云从洗衣机上抱过去。我抱起红云，用力丢过去，大家开心地笑了。

酒席摆在办公室里，将两张办公桌一拼，铺上报纸，就成酒桌。厨师在单位食堂里炒菜，我跑上跑下，安排酒席，生怕安排得不周到。

正好分行的行长来检查工作，我就邀请他和陪同的支行行长一起，参加我的婚礼，他们很高兴地答应了。我和红云给他们敬酒，他们为我们送上祝福。婚礼虽很简朴，但很热闹，我很满足。

人们常说家是避风的港湾，家是幸福的摇篮。现在终于成家了，一颗漂泊的心可以安定了。虽然她不是我千百次想象中的女人，但我已很知足了。这些年我努力过、寻找过，错过的是姻缘不到，追不到的强求不来，我没什么可追悔的。爱既不是施舍，也不是乞求，她是两颗心灵碰撞出的火花，有了这点火花，其他的一切都可以点亮！我相信自己；凭自己的努力，我可以改变她，也可以改变我们的处境，我相信未来一定掌握在自己手中。

婚后的生活既甜蜜又幸福，红云每天买菜、做饭，不仅洗我的衣服，还将父亲的衣服也洗干净。我再也不必为买菜、做饭操心了，下了班香喷喷的饭菜已做好了，以前冷清清的家，一下子变得温暖起来，我感觉从未有过的舒坦。难怪祖父说："没有女人的家，不像一个家。"有了红云，这才像一个家，如果有个孩子，那就更完美了！红云和我都盼望早点生个孩子。

过了几个月，她真的怀上了，我们好兴奋啊！我觉得生命太神奇了，一个新生命不知不觉就这样孕育了！

红云幸福地问我："你喜欢男孩还是女孩？"

我真诚地说："不管是男孩还是女孩我都喜欢！"

一直以来，我都非常喜欢小孩子，特别是女孩子。我总觉得自己童心未泯，总爱逗弄邻里的小孩子，看着他们天真可爱的样子，我仿佛又回到了无忧无虑的童年，我的心也快乐起来。所以，无论生什么，一切顺其自然，只要孩子健康漂亮就行。

红云早孕反应很强烈，吃不下任何东西，还经常呕吐、头晕。她说屋顶上加层，日夜施工，吵得睡不着，天气又炎热，心里很烦躁。她怕闻油烟味，一闻就想呕吐，脸色越来越黄，我担心她和孩子营养达不到，就送她到医院打葡萄糖。

她肚子渐渐大起来了，行动很不方便，走起路来双手前后摆着，像划船一样，脚肿得连鞋子也穿不进去，蹲下去半天起不来，牙龈和鼻子总出血，我让她歇着，我负责洗衣、做饭。

为了早点看看孩子的情况，我领她到医院做 B 超，我找了一个相熟的医生，检查后，医生说胎儿发育非常正常，一切都很好，还隐隐约约透露怀的是一个女孩。

十月怀胎的确非常辛苦，我想起了我的母亲，她在那么艰苦的岁月，怀了我，怀了妹妹，又怀了弟弟，最后惨死在产床上，丝毫没有给机会我报答她的生育之恩。我一定好好活着，好好努力，让她感到她短短的一生也是值得的！

随着胎儿的成长，我们更多的是欢乐时刻。红云惊叫着："哟！她在动，她踢我了！"我将耳朵贴在她的肚皮上，听到了咕咕作响的声音，我用手来回抚摸着，憧憬着孩子的降临，希望快快看见她的模样。

这一天终于来了。我们正在睡觉，红云觉得肚子剧烈地疼痛，可能是要生了，我们连忙起床，我提上早已准备好的小包袱，扶她去医院。

天刚亮，寒风在天空刮着，满地积雪，尚未被人们踩踏出印迹来，我们小心翼翼地踏着积雪，慢慢向医院走去。

办好了住院手续，医生说时候还未到，先休息。我帮她睡在病床上，我也躺在她的脚边。

到了白天，一阵阵剧痛来得更频繁了，红云不停地哼着，痛得眼泪都出来了。为了分散她的注意力，我不停地跟她讲笑话，逗她笑，可她怎么也笑不出来。她几次催促我：“要生了，要生了，快去找医生。”我几次去喊医生，医生看了后，总是说还不到时候，莫慌。

到了中午，父亲送来了饭。我让红云喝点汤，好有劲生孩子，红云说一点也吃不下去。由于兴奋，我也不想吃。

医生正在吃饭，红云疼痛难忍，我急忙去喊医生，医生放下碗筷，看了后叫抱进产房。我在产房外既期待又焦急，来回不停地走着，已进去两个小时了，不知道她和孩子现在怎么样？虽说没吃午饭，兴奋和担心让我一点也不觉得饿。

一阵响亮的啼哭声传出来，护士拉开了门，说生了个女孩，进来吧。

我进了产房，另一个护士正用白布包孩子。孩子很白，身上裹着一层油脂，嘴唇红彤彤的，闭着眼，咧开嘴，一个劲地啼哭。我将襁褓递给护士，护士将孩子包裹好。

红云已准备好，我抱起她，护士抱着孩子，一同回到病房。我将红云放在床上，为她拉上被子，护士将孩子放进被窝里，让她侧着脸朝向红云。孩子还没睁开眼，只轻轻地吐着泡沫。红云仔细地端详了一番，轻声地问我：“是个女孩？”我微笑着点头：“是的。”她闭上眼睛，一滴泪珠从眼角滚下来，不知是幸福还是疼痛？然后沉沉睡去。

看见母女平安，我心里的一块石头终于落了地，这才感到非常饥饿，我端起父亲送来的饭，不顾它已经凉了，香甜地吃起来。

不知不觉我已经当了爸爸，当她以后缠着我，要我抱，喊我"爸爸"的时候，那将是一种怎样的幸福啊！

下了班，我煮好了汤，端给红云吃，饭后，我洗片子、烫片子、烤片子，常常忙到深夜。当手在冰冷刺骨的水中像针扎的时候，我咬紧牙关，因为心里是温暖的，用手洗才能洗得更干净，才能让孩子更舒服。

父亲也忙得不亦乐乎，帮着照料孩子。

女儿慢慢长大，越长越好看，越来越白。第一次看见她笑，第一次听见她说话，第一次听她喊爸爸，第一次松开手让她歪歪扭扭地走，她的每一次进步都给我带来巨大的喜悦，初为人父，我品尝到幸福的滋味。

我对她有说不出的疼爱，我买来识字积木，儿童学古诗磁带，她很感兴趣，刚刚两岁就能认几十个字，背十几首诗。

> 白日依山尽，
> 黄河入海流。
> 欲穷千里目，
> 更上一层楼。

听着她稚嫩的声音，朗朗背诵着唐诗，我的心像要融化了。

我出差到了广州，给她买了一条花裙子，她妈妈帮她穿在身上，她自然而然地转了几个圈，裙摆像灯笼一样鼓了起来，她高兴得咯咯直笑，我们也幸福地笑了。

二十八、裂　痕

生活像一条小溪，静静地向前流淌。

经过六年马拉松式的学习，我终于取得了第二个大专文凭——金融专业的文凭。这些年工作、结婚、生孩子，占据了我大部分的时间，我在有限的时间里坚持不懈地自学，我尝到了自学的艰难。由于考场经常变化，有一次人事科长通知我到县城一个新考场考试，我问是不是在广场旁边，他说是的，结果我竟摸错了学校，迟到了十几分钟。加上兴趣的改变，我对数学不再那么敏锐，以前最拿手的数学竟然只考了五十九分，从此留下阴影，后来补考了两次才合格。但我真正学到了东西，我写的论文获了奖，在全省分行会计师资格考试中，我以第一名的成绩考上会计师，成为全省行最年轻的会计师。我觉得我已到了事业的顶峰。

单位通知我和易鲲鹏继续参加金融本科的学习，易鲲鹏决定继续学，而我决定不再活在文凭中，我要向自己的兴趣爱好发展，写出好作品来。

随着孩子的长大，一切趋于平静，新生活的新鲜感过去了，我感到生活中缺了点什么，并不像我婚前想象的那样，琴瑟和鸣，充满浪漫。

红云不爱读书，任何书都不看，以前我想我有能力改变她，让她提高文化品位，结果让我深刻地体会到，世界上最难的事情，莫过于将你的思想装进别人的大脑。有空她宁愿去打麻将，也不愿和我一起看看书，让我越来越感到没有共同话题。结婚前，一天不见，日思夜想，现在天天相见，却没什么可说。

"三十而立"，我年过三十却毫无建树，过着一眼就能望到头的平凡生活。想当年，年轻的时候，满腔热血，誓要做出一番惊天动地的事业来；到如今，四顾茫然，犹如一粒尘埃悄然飘落在茫茫人海中。我以为有了好工作，收入稳定，就可以追求想要的生活，就可以将老家的房子拆了重盖，但事与愿违，我总是感到很压抑。这不是我想要的生活，我的人生就将这样度过吗？我不能！我感到烦躁不安，我觉得有劲使不出，有满腔的东西要写出来，但真到动笔的时候，却发觉找不到突破口，千言万语无从下手，只喟叹力不从心。我苦恼，我失落。

恰在此时，父亲和红云争吵了起来。

父亲气愤地说："自从我单位垮了，没有上班，你就开始嫌弃我，不洗我的衣裳，说话还恶声恶气。"

红云也很委屈："我生了个女儿，你不高兴，我弟弟住在这里，你不愿意，成天板着个脸，还说我态度不好，是你总给脸色我看。你现在成天没什么事，自己的衣服就不能自己洗?"

父亲脸都气白了："怪只怪我眼看要退休，单位却垮了，瞎干了三四十年，现在成了废人，我还抱屈得不得了，如果我有退休费，你肯定不会是这种态度。"

我连忙制止他们："你们都不要再吵了！你没有退休费，我们从来也没怪你，你每天带孩子也没闲着，不要瞎想。"

我转向红云："你生女儿，你的弟弟住这里，我也没听见爸爸说什么。在一起生活，都不要太计较了！"

红云眼泪都快流出来："他跟隔壁的王婆说，一条巷子生的都是儿子，就我们家有得火，生的是女儿。"

我说："老年人思想封建，信口说说，其实他对孩子蛮好的，孩子也喜欢他。俗话说家和万事兴，在一起和和睦睦的，比什么都好。"

我私下里跟红云交流："你不要和老人争吵，这样不好。"

红云不满地说："是他找我吵的，你还总护着你家的人。饭做熟了他只吃，还在鸡蛋里面挑骨头。"

我说："父亲是个老实人，他没有坏心眼，这辈子也吃了不少苦，你对他好点，看我的面子，衣裳还是帮他洗了。"

红云说："洗个屁哟！这辈子再莫想我给他洗衣裳。"

我又私下里找父亲："生女儿又不是她的责任，你跟别人说这干什么？"

父亲说："我跟王婆聊天，只是嘴上随便说说，其实我打心里蛮喜欢这个孙姑娘的，每天领着她到广场玩。"

我说："人要有同情心，她娘家有困难，我们帮帮她，也是应该的。你平时是最大方的，小时候那么穷，邻居到家里来串门，你总将炒的花生一捧一捧地捧给别人吃，还说是自己种的没花钱。现在怎么对亲戚反倒小气起来？"

父亲说："我不是怕他吃了，只是晚上同我挤在一起，我睡不好觉。"

"哦，原来是这样，那你为什么不早点跟我说？我可以叫他到老屋去睡。"

一波未平一波又起。

姑姑来找我说："现在住的房子，单位要房改给个人，还差三千元钱，你借点钱我。"

我说："好，什么时候要。"

姑姑说："过两天我将手里的钱送过来，你一起从银行汇过去。"

我说："好，你随时来。"

姑姑偏着头说："你这说的我心里痛快一点，刚才你媳妇听我说借钱，一言不发，扭头就走了，不知道是什么意思。"

我说："没事，她可能是想跟我商量一下，这钱我们一定借给你。"

姑姑走后，红云从厨房出来质问我："你没经过我同意，为什么就答应借钱给她？"

我说："你也知道，我在她家住了两年，她对我有养育之恩，你说我能不答应吗？何况她只是借，又不是不还。"

红云说："还不还很难说，她几个后人，为什么不向他们借？当初我跟你结婚，她嫌我是农村的，瞧不起我，现在怎么反倒向我借钱？"

我说："他们肯定是有困难，才向我们开口，我已经答应了，那肯定得借了。"

她威胁说："你要借，我们就离婚！"

我觉得她太可笑了，这怎么吓得住我："离就离，这钱我非借不可！"

她哭嚷着："好哇！你的亲戚都比我重要，你跟他们过算了，我不跟你过了！"

曾经的海誓山盟在现实面前不堪一击。

她冲进房里，抓起书柜上的两幅相框"啪"地摔在地上，镜框碎裂，玻璃四溅。

看着结婚时的合影横躺在地上，我的心都碎了，她怎么能丝毫也不珍惜这个辛苦建立起来的家？我气愤地大吼一声："你给我滚！"

正此时，父亲带着孩子回来了，我们停止了争吵。她清好衣服，背着包，抱着孩子，离家出走了。

我默默地清扫房间，捡起地上被摔破的相框，拂掉相片上的碎玻璃，我仔细端详着我俩幸福的微笑。曾几何时，我们是那样的恩爱，这才几年，我们就被现实折磨得互相怨恨！她还是照片中这个温柔善良的姑娘吗？她曾是那样的善解人意，可现在如此这般地不通情达理，是她隐藏了性格中的真实面，还是生活让她变刻薄了？我不知道，我只知道，自己终于尝到了浅薄落下的恶果，一味地注重外表，忽视内心的沟通，爱上的只不过是自己杜撰出来的一个幻影。至此，我才明白爱不是找来的，而是在久处中自然产生的，只有知根知底，心心相印，才是爱永恒的基础。

我怀念起秦明月来，如果是她，她会如此不讲理吗？她活泼开朗，像一团火，总能激起周围人的欢乐。她聪明智慧，体贴大度，是绝不会让别人为难的。如果得到的是她，我将是这个世界上最幸福的人了！可往事恍然如梦，当时我如果再努一把力，我的人生将重新书写。但现在为时已晚，一切已不可能重新再来了。

二十九、重　逢

我重又拾起久违的菜篮子，到菜场去买菜。

"吴牛夕"一个熟悉的声音迎面飘来，恍惚是在梦中。我抬头一看，秦明月亭亭玉立站在我的面前，身材比以前更丰满，交叉的双手微微在抖，依然是那么漂亮，岁月并未在她的脸上留下过多的痕迹。

"你回来了?"意外的相逢，我们都有些激动。

她说："我离婚了，回家散散心。"

我问："怎么会这样? 他条件不是蛮好的吗?"

"我……一言难尽……"她哽咽着，眼泪涌上了眼眶。

一个曾经思念过的女人在自己面前落泪，说明她很信任我，有许多委屈想对我诉说。

"那我先买点菜，一会就在我家吃饭。"看她这么伤心，我不由自主地想安慰她。

她犹豫了一下："方便吗?"

我说："方便，就我一个人在家。"

买完菜，她随我回到了家。

我让她在沙发上坐，端上水果和茶，然后我坐在她旁边的高椅子上。

她一边流泪一边说："我是家里的独女，父母很宠爱我，特别是我爸爸，更是将我视为掌上明珠。那年高考，只考上了技校，家里让我复读，我不想再受煎熬了，就去上了技校。在技校认识了他，他是我的同学。"

　　"听说他父亲是局长？"我插话。

　　"是的，是城建局的局长。"她接着说，"上学时间不长，他就开始追我，起初我不想答应，但经不起他天天来找我，我心软了，稀里糊涂就同意了。毕业后我们都在厂里工作，后来我们结了婚，有了一个女儿。休息的时候我就在家里看看书，本想就这样平平淡淡地过一生算了，可他不安心，非要辞职去开公司。凭借父亲的老关系，公司很红火，他赚了钱，开始夜不归宿，总说在外面有应酬。我一直很信任他，直到有一天，他提出离婚，我才如梦方醒，知道他在外面有了别的女人，被缠住脱不了身。我没有办法，真想一死了之，可看到我的女儿，我又不忍心这么做。"

　　"是的，你千万别想不开，你曾经是那样的自信，那么多优秀的男生都很喜欢你，你的生活还会有希望的。"

　　"可现在，我真是瞎了眼！我爸爸还不知道我离了婚，如果知道的话，他会多么伤心！"她掏出纸巾，不停地擦拭着眼泪。

　　"离婚并没有什么，又不是你的过错。好好地将你的女儿抚养大，这才是最重要的。"

　　"我也就是向我的姑娘看，才有一线希望。我并不是舍不得离婚，这样的男人我根本看不起，只是觉得自己太傻了，怎么就受了他的欺骗？谢谢你的开导，我心里很舒服一点，以后我能经常找你谈谈吗？"

"当然，我能理解你的心情，能跟你交谈我也很高兴。"

我是发自内心的期待，能跟欣赏的人进行心灵的交流，那是一种享受。

我说："我先去做饭，你看一下电视。"

她站起身："我去给你帮忙。"

我说："不用，你安心看电视，饭一会就好。"

我炒了几个菜，端到桌子上。

她尝了后说："没想到你还能炒这么好一手菜，他什么家务也不会干，我真羡慕你们的幸福！"

我说："从小没有妈，只能自己干。别客气，好吃就多吃一点。"

吃完饭，我们互留了电话号码，她告辞要走，我送了出来。

她说："在这个世界上除父母外，你是真正关心过我的人。"

我说："其实我一直注意着你，读书时我记得你的手一到冬天就冻坏了。"

她惊奇地说："是的，连这样的细节你都记得！"

"因为爱，所以关注。当时你没有感觉到吗？"

"当然，我对你印象也非常深刻，你应该明白。但我想我父母一定不会同意，所以……"

我的心里涌起一丝难过。命运让我们无法走到一起，穷困的现实，犹如提早到来的寒冬，让青涩的果实过早地凋落了。

临分手的时候，她说："本来我对生活已充满了绝望，觉得我的人生太失败了。现在遇见了你，让我知道我的人生并没有白活，我会好好珍惜的。明天我就要走了，我能将我的未来寄托在你的身上吗？"

我看到了一片曙光，同时也感到了一丝压力："我会尽力帮你的，你一定要快乐地活着。"

我不知道我能怎么办。

送走她，不知是欣喜还是遗憾？正在我迷茫的时候，上帝又给了我机会，将我少年时的梦幻又推到了我的面前。但遗憾的是，它不是在十年前，如果十年前，能有这样的幸运，那我就是这个世界上最幸福的人了！

不管怎么样，这也许就是天意，让我们历经磨难后重又相逢。我忘了她对我的伤害，只记着她对我的吸引，只记得我对她的渴望。多年来的梦想，现在马上就要变成现实了，我的人生将从头再来！

随后几天，秦明月天天打电话来，她将她的苦恼讲给我听，我是一个耐心的听众，有时劝解她几句，有时跟她一起回忆幸福的往事。她说同事们都觉得她变了，变年轻了，变得容光焕发了。

听着她熟悉而亲切的声音，我不觉得我们已分开了那么久。我们有许多聊不完的话题，一切是那么自然，那么新鲜，我感到又回到了热血澎湃的年轻时代。不能再错过了，我决定痛下决心。

三十、女 儿

清明节到了，我去找红云，一是让她带着孩子一起去上坟，二是将我们之间的关系做个了断。

我来到红云的单位宿舍，敲门进来。孩子还没有起床，听见我的声音，一骨碌爬起来，高兴地直喊："爸爸!"

我说："今天是清明节，我们一起去上坟。"

红云立即为孩子穿衣服，脸上露出难掩的笑意。

我发现孩子的脸肿起来了，眼角还有白色的眼屎。

我问："孩子的脸怎么肿了呢?"

她说："就这两天才这样的，我还以为是长胖了呢。"

春风轻拂，山上的小草露出一片片的青色，紫罗兰随处可见，桃花也含苞待放。女儿在坟边高兴地玩耍着，我们叩头，她也学着我们的样子，在坟前叩头。看着她，我的心软起来，她这么小，我能忍心拆散这个家吗? 我自己小时候就多么想有一个完整的家，有一个疼爱自己的妈妈呀! 我有些犹豫。上完坟，我背着孩子和红云一起到医院。我们到五官科，医生检查后说是腮腺炎，春天来了，小孩子很容易得这种病，吃点药，贴上膏药，十来天就会好的。

过了十天，孩子的脸仍没有消肿，在家里还总是无缘无故地跌倒。我发现不对劲，决定换一家医院看看，我们去了部队医院。

医生看了，说要查一下血象。验血后说是血象太高，情况不太好，有可能是白血病，需要穿刺确认。

我心想，我的孩子怎么可能得这种怪病？这是绝对不可能的，我绝不会相信！

医生说穿刺非常疼，让我抱紧孩子，避免挣断了针头。看着几寸长的针头，我的心不由得抽紧，孩子承受得了吗？我不由自主地抱紧了孩子。孩子却很懂事，也很坚强，只轻轻地"噢"了一声，就不哭了。她的母亲抱着她的双腿，早已泪流满面了。

切片检验后，医生说是淋巴细胞白血病。听到这个可怕的名字，我如五雷轰顶，《血凝》中夺去幸子性命的就是这个病，它太恐怖了！这样的灾难怎么会降临到我的头上呢？我真的想不到。

我焦急地问："这种病现在能治吗？"

医生说："只能到省城的大医院去治，我们这里没有办法。"

当天已来不及了，我们准备第二天一清早去。

天未亮，我们就起了床。孩子仍在熟睡，不知道父母已给她穿好了衣服，并用披风包了起来。上了列车，她被嘈杂的声音吵醒，睁开一双惺忪的睡眼，像做梦一般，惊奇地发现来到了一个陌生的地方，有这么多陌生的人，但有父母在身旁，她并不感到害怕，她要下来走一走，看看到底是不是真在梦中。她看看周围的人，很是兴奋。熟悉后，她又爬上妈妈的怀抱，困意又袭了上来，她慢慢地闭上了眼睛。

我从红云怀中接过孩子，仔细端详着孩子浮肿的脸，心里有说不出的痛惜。窗外，天空渐渐有了亮光，但我心里的阴影却越来越暗。我真希望是小医院的医生误诊了，到了大医院，重新检查后，医生说不是白血病，将我心上的一块石头给掀下来。

我不可能这么倒霉，这么多痛苦的事情都降临在我的头上。我一直谨记祖父的教诲，光明正大地为人，踏踏实实地做事，从未干过昧良心的事，我不应遭此厄运。

到了站，为了尽快赶到医院，我们直接乘的士到肿瘤医院。医院还没有开门，我们就先到医院的餐馆里吃早点。餐馆不大，很简陋，房屋中央有两根木头柱子，顺着柱子排着几排桌椅。

我突然听到了熟悉的乡音，只见对面一对中年夫妻互相推让着一碗面条，男的让女的吃一点，女的说早晨吃不进，让男的都吃了，男的低头慢慢地吃起来。

我问："你们也是沙河的？"

他抬起头："是的，我是李店的。"

李店离沙河只有十几里路，在离家三百多里的大城市遇见老乡，大家都倍感亲切，像见了亲人一样。

男的很瘦，已是春天，还戴着一顶旧蓝布帽子，话不多。女的留齐耳短发，穿粗布衣裳。

她细声地告诉红云:"当家的是民办老师,得了胃癌,已来了几天。上有两个老的,下有两个小的,他是家里的顶梁柱。他怕花钱,犹豫了几天,总想放弃。他走了,我们怎么办?"

吃完饭,我们一起去门诊部。

民办老师说:"我打听了的,这医院有个吕医生,也是家乡人,我准备了一壶香油送她,想问问她,我这病究竟能不能治?我只凑了不到一万元钱,如果治不好的话,我想早点放弃,省下钱给老婆孩子生活,何必花冤枉钱。"

我听说有老乡在这里当医生,肯定能如实相告,我就和他一起去挂了她的专家号。

过了很久才轮到我们。

民办老师送上油:"自己磨的,家乡的东西。"

吕医生起身:"老乡这么客气干什么?"将东西收在柜子里。

民办老师问:"吕医生,你跟我说实话,我这病能治好吗?"

吕医生说:"不是跟你说过吗?你这病要切除三分之二的胃,费用要几万元,以后还不能干重活。"

民办老师自言自语:"几万元,从哪里弄这么多钱?还不能干重活,地里的庄稼怎么办?"

他慢慢地站起身,指着我介绍说:"这也是老乡,来给孩子看病的,想找你看看。"

我连忙递上化验单和诊断书:"吕医生麻烦你。"

吕医生看了看说:"这病治不好的,你们不用治了。"

我心有不甘地说："需不需要再确诊一下？也许不是这种病呢？"

吕医生说："诊断得蛮清楚，不用再查了。这种病我们医院不收，你们趁早回去吧，弄点好吃的给孩子吃。"

我们失望地走出诊室。看到我们失魂落魄的样子，旁边有一个当地女人跟了出来，她同情地告诉我们："协和医院专门治这种病。"

听了她的话，我们感到了一丝希望，连声道谢。已到中午，我们准备吃完饭，就去协和医院。

我们仍去吃过早饭的餐厅吃午饭，餐厅里冷冷清清的，没几个人。民办老师没来，他的妻子端着饭盒，却坐在那儿不吃。

红云关切地问："你怎么不吃？"

她悄声说："带的钱不够治病，打点饭给他吃，我总是等别人吃剩下的吃一点，省点钱好给他治病。"

红云很是同情，她把自己没动的一份饭推到民办老师妻子面前："大忙我们也帮不上，你吃吧。"

老师妻子说："你还没吃呢。"

红云说："我吃不进，等会喝点稀饭就行了。"

老师妻子连说："多谢！多谢!"接过碗，低头吃起来。

我对红云说："再给你买一份。"

红云说："我真的不想吃，你们吃吧。"

吃完饭，我们乘出租车到协和医院。司机是一位矮胖的秃头男子，他绕着城边的土路行驶，车里播放着慢慢悠悠的歌，不慌不忙，我却心急如焚，巴不得快点到达。经过四十多分钟的颠簸，终于到了医院门口，刚打开车门，女儿忍不住呕吐起来，将喝的牛奶全吐了出来。司机见状大为不满，满口脏话，红云连忙掏出卫生纸擦干净。

我非常气愤，小孩子又不是故意的，你怎么能骂人？眼看我们要打起来，红云连忙拦住我。我忍了忍，孩子看病要紧。可我的心忍不住疼起来，孩子从来不晕车，这是生病的原因，她这么小就要受到别人的歧视，以后怎么办？

专家的号早已挂满了，只能等第二天。我想在附近找一家饭店住下来，明天一早好来排队。

医院门口有卖荸荠的，女儿指着说："我要吃。"

荸荠削好了皮，用竹签串着，罩在玻璃瓶子中，我买了几串给女儿。

紧挨着几家大酒店，我拣最矮最旧的一家走进去。

一个干瘪的门卫老头拦住了我的去路："你们干什么？"

我答："住宿。"

"莫进去。"

"为什么？没地方住吗？"

"有，有！当然有住的！"老头摇晃着身子。

走过长长的停车场，我们来到宽敞的登记大厅。光滑的大理石地面倒映出人的影子，墨绿的皮沙发旁站着几位穿戴时髦的年轻女人，一边照看着行李，一边聊天。一位西装革履的男人背对着我们正在登记。虽是大白天，黑金丝绒的窗帘拉着，大厅显得朦朦胧胧，柜台上方几盏吊灯放着迷离的光，墙上一溜圆钟，各自走着自己的时间。

我默默地走到柜台前，看着墙上的房间价格表，最便宜的是一百多元，贵的要三四百元。孩子治病要钱，不能将钱瞎花在不必要的地方。我转身抱起女儿，默默地离开登记大厅。

出门经过门卫室的时候，门卫从里面撵出来挥手大叫："说你们住不起，还硬往里冲……"似乎有苍蝇在他头顶上盘旋。

我笔直地往前走，不想回过身看他的嘴脸，更不想与他争辩。我们成家时间不长，又没什么家底，因此，平时很节省，穿着很朴素，好存点钱将老房子拆了重盖。没想到来到这里，无意中遭势利人侮辱，我的自尊心受到了严重的伤害，我很想驳斥他几句，又想没必要跟这种人一般见识，跟他没什么好说的。但我心里暗暗发誓，一定会让所有人刮目相看的。

我们穿过公路，在对面巷子里找到一家小旅社。双人间已经没有了，只能住大间，六人一间房，每晚十元钱。我住男间，红云带着女儿住女间。房间中间的过道上挂满了毛巾、湿衣服，淌着水，地上到处是水，空气中弥漫着脚臭的味道，异常嘈杂。但身心俱疲，我不知不觉睡着了。

第二天，我们早早地起床。红云说她很晚才睡着，孩子睡得很好。我们立即到医院排队，终于挂上了专家号。

我默数着专家室进进出出的病人，看着他们忧愁的表情，觉得时间十分难熬。终于轮到我们了，老专家看了带去的病历，检查了一下孩子，温和地说："孩子病得很重，需要到血液科住院治疗，正好今天空出了一个床位，就给你们了。"

办完住院手续，护士领我们到病房。每个病房四个床位，病房之间用玻璃隔开。看见来了新朋友，两边病房的小病人全趴在玻璃上往这边看，一个个小光头，浮肿的脸，分不出男孩、女孩，像一群受惊的企鹅。护士安排完床位，就带我到医生办公室。

护士指着过道前面的一位高个子男人，满含敬佩地说："他就是主治医生，刚从日本留学回来。"他身穿笔挺的咖啡色竖条西装，将白大褂搭在手臂上，腰板挺直地往前走。

来到医生办公室，他正将白大褂穿上，英俊的脸庞修饰得很干净。他接过护士递给的病历，简单地瞧了瞧，收起来，出门朝病区走去。

我跟在后面，问前面不停走着的医生："我孩子的病能治好吗？"

他走了几步，停下来回转身："你带了多少钱？"

我答："三千。"

他默默地注视了我一会，然后转身继续往前走。

我呆呆地站着，不知是什么意思？是我的问题太幼稚不值得回答，还是钱太少，不值一提？我不明白，但只要孩子有救，我就是砸锅卖铁，也要凑呀！

我带着沉重的心情回到病房，女儿站在雪白的床上，看见我回来嚷着说："爸爸，我也要玩具。"我四下一望，别的孩子都有玩具陪着，自己平常很少给孩子买贵重玩具，就点头说："好，我去给你买。"

我买了三只打饭用的搪瓷钵子，在玩具柜台前选了一只十几元的灰色绒毛小兔，想着平常很少买零食孩子吃，买玩具孩子玩，心中有说不出的内疚。

我焦急地等待着复查结果，多么希望当地医院诊断错了，我的孩子马上就能和我们一起回家。但结果却更加残酷，孩子不仅患有急性淋巴细胞白血病，还患有恶性淋巴瘤，由于当地医院误诊，已到了晚期，我侥幸的期待彻底破灭了。

红云留下来照顾孩子，我回家筹钱。想遍所有的亲戚朋友，都只够温饱，不必将自己的不幸强加在他们无辜的头上，只有找单位想办法。

我找到会计科长，会计科长解释说："根据规定，孩子住院可以报销一半的药费，但我们是报账制单位，单位没有钱借，必须拿发票去报，几位老干部的药费到现在还排队等着报呢。"

怎么办？到哪里去弄我孩子的救命钱！此刻我才明白，钱是多么的重要。

姑姑听说孩子得了这种病，来到我家，一边哭一边掏钱："我们吴家怎么这么倒霉，遇到这样的事，我也没能力帮你，借你的三千元钱，我东拼西凑先还给你。"

接过姑姑还的钱，我又到柜台上取出全部积蓄。

第二天清早我赶到了医院，缴了费，先给孩子做化疗。

孩子剃光了头发，也变成了一个浮肿的小光头，昔日活泼的孩子变得异常迟钝，哭嚷着要回家，说这里不好玩。化疗后，孩子没有胃口，什么也吃不进，还总说疼。看着孩子痛苦的样子，我的心都碎了，红云也是眼含热泪，一副凄苦的模样。

进门口好长时间空着的床位上，来了一位三十多岁的妇人，抱着十岁大小的女儿，正跟大家哭诉："这么办？这么办？好了几年又复发了！平时稍有感冒就不敢上学，在家一休就是一个多月，生怕摔跤出血。这个床位基本上就是我包了，白天来，晚上回去。我该怎么办？两口子单位效益都不好，这个病就是个无底洞，哪里有钱治？孩子刚生病的时候，蛮多人劝我放弃，我舍不得，现在孩子大了，病又治不好，钱也花光了，害得孩子跟着受罪，我真后悔！恨不得不活了！"

邻床问："孩子多大时生的病？"

妇人说："五岁时，花了那么多钱，现在九岁了，又复发了，这病治不好的。报上说一位军长的姑娘二十多岁，得了这种病，花了三十多万做骨髓移植，最终还是死了。我现在真是进退两难，不如一起死了算了！"她不停地用手擦着眼泪。

女儿在她的怀中，像一只小绵羊，一动不动。

听着她的诉说，看着她们母女俩的样子，我仿佛看到了女儿的未来，我的心情更加沉重。我走出病房去打开水，路过护士办公室，看她们一边卷棉球一边聊天。

我找到一位大妈咨询："医生，麻烦你问一下，白血病能不能治好？"

大妈直爽地说："这病是治不好的。"

我又问："这里有治好的么？"

大妈说："还没有，到现在还没看到过治好的。"

失望再一次加重，但我还没有彻底绝望，也许护士不清楚实际情况，而主治医生又不肯说实话，那只能找别的医生询问。

回到病房，我十分困顿，浑身乏力，和衣躺在孩子身边，想休息一会。刚躺下，来邻床打针的年轻护士喊道："起来坐好，躺着像什么样子？本来是不允许两人陪床的，想着你孩子小，没让你走，就算不错了，还想在这里睡觉！"好像她容留的是一只流浪狗。

我只好起身坐着，感到很尴尬，难道她不会和颜悦色地说，那样我会更乐意接受的。

从玻璃门看过去，我看见一位年轻的男医生换了便装，从过道上走过，我赶紧从后面跟了出去。

看到路上没有别人，我撵上去问："医生，请你实话告诉我，像我孩子的这种情况能治好吗？"

年轻医生戴着眼镜，很文静，曾陪同主治医生来检查过孩子。他说："这种病目前还不能根治，会反复发作，何况你孩子得的还是两种病。用的药都有副作用，对孩子的生长发育影响很大。"

"那你的意思是说，没有治愈的希望？"

"是的，很难治好。"

"对不起，打扰了！"

"没关系。"他加快脚步走了。

我呆呆地站在那里，心彻底地凉了，多么残忍的现实，多么可怕的结局。它简直就是一个恶魔，将脆弱的生命慢慢煎熬，直至消失为止。我的太阳穴又像高考前遇到弄不懂的难题一样，异常地疼痛，我像梦游般，在医院高大的楼群间，漫无目的地游荡，我的心中像压了一块大石头，郁闷得喘不过气来。

回到病房，女儿又吵嚷着要回家、要爷爷。她像一只在山野间飞翔惯了的小山雀，忍受不了铁丝笼的桎梏，挣扎着要逃出去。

红云流着泪："刚才医院来催费，说账上的钱已完了。我看回去算了，我已受不了啦！一听到有孩子去世，我就头疼。"

女儿擦着妈妈的脸："妈妈别哭，回家我听妈妈的话。"

我无奈地叹口气："那就回家吧。"

女儿拍着手高兴地说："可以回家了！可以回家了！"

她弯腰收拾起床上的玩具来，好长时间她都没有这么高兴过了。

旁边的孩子露出羡慕的目光。

我看着天真的孩子，心里很不是滋味。孩子呀！你不知道你将走向的是死亡之路，只怪爸爸没有本事，没有能力治好你，爸爸真希望替你去得这一场病，你的生命才刚刚开始，你还没尝到人生的酸甜苦辣，就这样走向可怕的未来。

放弃还是治疗？我久久地思考过这个问题。治疗，四十万元对我来说，无异于一个天文数字，还需合适的骨髓配型。即便如此，也只不过延长孩子痛苦的生命，让孩子一生在病痛中煎熬，将一家人陷入痛苦的深渊，花钱遭人白眼。如果能根治，让孩子有一个健康的人生，让她能幸福地生长在灿烂的阳光下，我就是卖血也要治疗。放弃，孩子毕竟是父母心头的一块肉，怎舍得轻易地放弃？只因有缘，孩子才降生到你的身旁，让你全身心地爱着她，让你感到她就是你的整个世界，岂能说放弃就放弃？

　　我叩问苍天，我该怎么办？我能怎么办？

　　我反复地问医生，问护士，就是想做出正确的决定，求得心灵的解脱，想减轻自己的负罪感。可面对孩子，我仍然觉得自己不是一个称职的父亲，眼看着一个活蹦乱跳的小生命即将离开自己，而自己却无能为力，我很想抽自己几个大耳巴！

　　列车载着失望和无奈向家乡驶去，但女儿浑然不觉，她表现出少有的兴奋，在座椅上欢快地说着、笑着。累了，就依偎在妈妈的怀中睡着。

　　回到家，我仍不死心，想了解这种病究竟是怎么回事。

　　我到书店买来相关书籍，书中说白血病存活十年就叫治愈，存活五年就叫长期存活。目前治愈率不足10%，如果是这样的话，对我的孩子就没什么意义。

　　既然正规治疗既没有那么多钱，又不能断根，那就不如用偏方治，俗话说偏方治大病，说不定能发生奇迹。

我四处打听，听说有一位老中医专治此病，他在县城的公园一带行医。我和红云带着女儿去寻找，我们寻遍了整个公园，也未觅到老中医的踪影。

公园里碰碰车响着各种各样的音乐声。女儿轻声地说："我也要坐车车。"我将女儿抱进车中，和红云一起坐在旁边默默看着。女儿驾车一圈下来说头晕，我只好背起女儿，看着别的孩子天真活泼地玩耍，我羡慕得不得了。我拖着沉重的脚步，失望地离开这个本该让人开心的地方。

回家后一个月，女儿的肚子肿起来。我送到当地的医院检查，医生说是脾脏肿大，我要求医生想办法控制，医生摇摇头说："我们没办法。"

我说："孩子要是疼得受不了怎么办？"

医生说："开几片止痛药，实在是受不了，就吃半粒。"

孩子不能行走，我买了一辆手推车，她成天就坐在手推车中，似睡非睡，一言不语。我们有时推她在外面走走，别的孩子都奇怪地围着她看。睡觉的时候，她不能平躺在床上，一躺直就凄惨地说疼，我和红云轮流抱着她睡觉，红云先睡，我坐在沙发上抱着她，一直到子夜。她有时说要大便，我抱她到厕所拉半个多钟头，也拉不出来，直到在我的怀中又睡着了。红云醒来，喊我将孩子抱过来，她靠在床头，抱着孩子。有时我黎明醒来，发现她歪着头打瞌睡，被子滑落下来，还紧紧地抱着女儿，我赶快抱过女儿，为她拉上被子，让她好好睡一会。

孩子不想吃，饭菜吃得很少，只吃一点水果。她想吃在省城吃过的荸荠，我跑遍了各个市场，也未买到，又托人到省城买，还是没买到，也许过了季节。连女儿的这一点小心愿都满足不了，我真是羞愧难当。

女儿很少喊疼，更不哭，表现得异常坚强。我总担心她会疼得痛苦万分或是出血后流血不止，但她总是那么安静，静静地等待着死神的降临。她是用天生的意志克制着，还是对疼痛失去了知觉？我不知道，我只听说晚期病人是很痛苦的。难道她是一个精灵？一个赚父母眼泪的天使？给父母带来了那么多的欢乐，如今却这样静静地要带走父母的心！

清晨，我睡得迷迷糊糊，听红云在沙发上惊呼起来："快起来，孩子怕不行了！"我赶快起床，抱起孩子奔向医院，刚出门，女儿睁开眼，微弱地喊了一声："爸爸……"就闭上了眼睛，再也没有睁开。下楼梯的时候，我听见她喉咙里"咕咚"一响，一双小手就松开了。

我奔到医院急救室，两名医生急忙架起氧气，十几分钟后，医生摇了摇头，拔下氧气罩说："不行了。"

我木然地问："在哪里交钱？"

医生说："算了，你走吧，不收钱。"

我麻木地抱起女儿，昏昏沉沉地向家里走去。一进门，再也忍不住痛哭起来。红云和父亲闻声也大哭起来。

我将孩子平放在茶几上，她终于可以挺直身子睡觉了。红云最后一次为女儿换上了干净衣裳，用白被单将她整个盖起来。

红云的弟弟找人做了一口小棺材，他上来将孩子抱了下去，并带走了孩子喜欢的玩具。

听着楼下一声一声的锤钉子声，我就觉得一下一下敲打在自己的心头。孩子临死前喊着爸爸话没说完，难道是想说："爸爸救我！我还想活，我不想离开你们，我要永远和爸爸妈妈在一起！"我无言地痛哭着，为女儿的不幸，也为自己的无能。

红云已支撑不住，到床上躺下了。我竭力撑着，买了菜，将饭做好，招呼来客吃饭。我只感到天旋地转，浑身乏力，丝毫也吃不进，倒在床上躺下了。

第二天，我就去上班，我既不想影响工作，更不想一个人静静地待在家里，看着物是人非，那样我更受不了。我需要忙碌的工作麻痹我，让我暂时忘掉眼前的一切。

过几天就是"六一"儿童节，单位的出纳到柜台前递进一张表，叫大家签字领孩子的过节钱，每个孩子五十元钱。大家一个接一个领钱，高兴地计划给孩子买这买那。此时此刻，失去孩子的痛彻心扉的感觉袭遍我的全身，一种悲凉的情绪涌上心头，从此欢乐已离我远去，我将永远生活在无尽的悲伤中。

下班回到家，我坐在沙发上，这要在以前，女儿会在面前的茶几上玩玩具，我会逗她："喊 dear dad。"她高兴的时候会喊，调皮的时候会说："不 dear dad。"不管怎样，我都会愉快地笑起来。

独自在家的时候，我拉开装孩子衣物的抽屉，摸着她的小袜子、小衣裳，眼泪会不自觉地流出来，我努力地压抑着自己，但仍止不住痛哭起来，孩子，爸爸对不起你！

三十一、责 任

　　红云躺了几天才恢复过来。我让她将孩子的衣物收拾起来，免得看见了心里难受。

　　悲伤的日子似乎过得很慢，家里没有了欢笑，一下子显得冷冷清清，一家人整天几乎没有一句话，各人干各人的。我在客厅看书，红云在床上休息，父亲在自己房里抽烟，各自疗着自己的伤。

　　无言的沉默，也是一种伤害，红云明显感到了我对她的冷落。她主动地说："我知道我并不是你想找的那个人，我没什么文化，配不上你，现在也没了牵挂，我愿意成全你，只要你幸福！"

　　听她这么说，我反倒不安起来，她是不是受的刺激太深了？我要好好想想。我沉默着，狐疑地注视着她。

　　早晨父亲听见我起床了，在客厅里拦住我说："红云天刚亮就出门了，昨晚上她好像一夜没睡。这几天，我总看见她一个人呆呆地站在阳台上，我怕她会出什么事。其实，这个媳妇除了嫌我不能赚钱外，其他都还蛮好的，你不要把她逼出问题来。"

　　每天晚上，红云总是早早地睡下，我不知道我睡着后，她失眠，又悄悄地爬起来。

父亲的话让我深思，而秦明月的信又让我欲罢不能。我该怎么办？当久久期盼的梦中情人就要投入我的怀抱时，我感到的不是幸福激动，而是良心不安。

孩子病重的时候，同事说有我的一封信，我接过信，一看落款，知道是她来的。

回到家，我拆开信，娟秀的字迹映入眼帘：

牛夕你好：

打了几次电话，都说你不在。我试着写了这封信，不知道你能否收到。

再一次遇见你，我才明白，当初的选择是多么的幼稚、草率，那时的我并不懂得什么才是真正的爱。可一切早已随风而逝，再也找不回那个豆蔻岁月。你的真诚融化了我心中长久的失落，让我重新自信起来，看到了新的希望，给了我新的勇气，让我在孤独时不再害怕，寂寞时不再伤心。你是我心中最亮的那颗星星，不知我还有没有幸运，幸福地闪烁在它的周围。

急切地盼望你的回音。

明月草

我的心颤动起来，我无法跟她回信。我拿起话筒告诉她，孩子病了，正在省城住院，我要照顾孩子，长时间不在家，暂时不要联系。

最近她又来了一封信，她在信中写道：

> 不联系并不代表不思念。喜欢的人远远地看，走过的路慢慢地走，我很想一个人静静地等待。可是爱，有时真的让人很无奈，很多时候，我想悄悄地躲过，可身不由己，我想默默地错过，心却唤不回。我也曾试图忍耐，可忍不住对你的思念，不知不觉，你已成为我心中的那份牵挂，无怨无悔，你已点燃我心中的那份期盼。我愿站在人生的长河边，静待奇迹悄悄地出现……

我在犹豫中挣扎，我在选择前徘徊。

当一个男人在爱一个女人的时候，起初他注重的只是女人的外表，当得到了女人的身体的时候，他才更关心女人的心灵。我就是这样，当初被红云漂亮的外表吸引，不计其余地追求她，一厢情愿地自认为能改变她。她却始终没有隐瞒她的任何东西，她是透明的、单纯的。她有过错吗？我找不出来。只是她对父亲的态度，让我难以容忍。爱一个人，就要接受他的家庭，爱他的家人。但父亲已原谅了她，我还需要计较吗？

女儿临终前一声"爸爸"，让我肝肠寸断，她的话没有完，她是想说"救救我！我还想活"，还是"一定要对妈妈好，我们三个永远在一起"？我不知道，但她一定希望我们永不分离，她回家的时候，有爸爸、妈妈一起等着她。我没有能力拯救她，但我不能再伤害她的母亲，在她母亲受伤的心口上再撒上一把盐，让她在天之灵得不到安宁。女儿让我懂得了什么叫血脉亲情，她让我们有共同的欢乐、共同的牵挂、共同的悲伤。红云说过："难道我们共同生活的五年，抵不上你们同学的两年？而在我的心中，你一直就是我的亲人。"她也许知道了点什么。五年的婚姻生活，还有了可爱的女儿，除了爱情，更多的是亲情，是难以割舍的亲情！我不能对不起我的女儿。

我也想起了我的妹妹，她让我记住责任二字，她就是被不负责的人给害死的，我最痛恨这种人了。我能成为这样的陈世美吗？

红云将她的终身托付给我，就是对我的信任，我就要对她负责任。她也许能找到新的人家，但她能有当初的选择余地吗？也许更坏，她会就此陨落，我会害她一生的。人生一世不容易，我不能只顾自己的感受，而毁了她的一生，将自己的幸福建立在她的痛苦上，如果她难受，我会感到心疼的，我要为当初的选择负责。红云将我视为她生命中的太阳，也许至今还深爱着我。秦明月会将我视为她生命中的太阳吗？我不知道，可能她永远只是我心目中的月亮，远远地看着才漂亮，一旦近了，就失去了原有的光环。我一直将她视为我心中的女神，是我永远无法言说的伤痛，我对她是一往情深，是全身心的依托，而她对我也许只是虚幻的感应，并不是一种深入骨髓的爱。

我没有勇气让红云离开，更不想让人指指点点，那样我会承受不起的。虽然，现在离婚已是家常便饭，但那都是感情破裂的结果，而我只是命运给我开了一个大玩笑，转了一圈，又回到了起点，但又不是崭新的起点。

祖父说："人生不如意十有八九，没有十全十美的人生。不经历生死，人永远也长不大。"以前我根本不相信，现在我终于明白了，我觉得我的心一下子苍老了。我对完美的人生抱着那么大的希望，但被现实击得粉碎。

祖父说："人永远只是沧海一粟，在茫茫人海中像粟米一样渺小。"我就是一普通人，没什么特别的，何况现在又一贫如洗，没能力带给别人幸福。因此，我不想折腾，过去了，就让它过去吧！有多少爱可以重来？

我的犹豫也许会给两个女人都带来伤害，我必须做出决断，我鼓起勇气，给秦明月回了一封信：

> 人生最美好的时光是花季，我们在花季里相识，在花季里相知。情感伴随着身体一起成长，脑海常常闪现你的倩影，梦中常常回忆你的笑靥。你是我今生的梦想，是我梦寐以求的织女，但我深知，我必须努力，一无所有的牛郎，是没资格迎娶高贵的织女的。我拼命苦读，期待有一天，我能从容地向你表达我的爱。但造物弄人，一向名列前茅的我，考场失利，没能考上大学，前途渺茫，沦为芸芸众生中的普通一员，几乎不可能改变我困苦的家境，因此，我明白，我们是两个世界的人，我只能将爱深深地埋在心底。
>
> 孰料世事沧桑，在我最苦闷的时候，你又出现了，给我的生活带来一缕春风，让我又有久违的激情！我多么想转去十年，那我将是这个世界上最幸福

的人了！

可是，任春雨滋润，也抚不平刻骨的记忆，任秋风吹拂，也抹不去岁月的痕迹。十多年啊，多少难忘的往事，多少人生的坎坷！我们都有了各自的生活，各自的寄托，也许不那么圆满，也许不那么顺利。但我无法伤害无辜的她，无法忽视跟她共同走过的曲折的路。请原谅我的懦弱，我不能因为我的幸福，而毁掉另一个人的一生。

你永远是我心中那个清纯、活泼的少女，你年轻的形象永远定格在我的心中。我从不后悔认识你，因为你，我懂得了什么叫心动；因为你，我明白了什么是相思。你在我懵懂的心中，种下了光明的希望，我会永远记住你，不为今天，只为那段难忘的少年情怀。

人生得一知己足矣！能够得到你的眷顾，此生我已无憾矣！请你记住，有一个人永远在默默地关注你，期盼你一生平安、一路珍重。

信寄出后，当晚我失眠了，这是很少有的事。我既在过去中挣扎，又在现实中痛苦。我无法想象秦明月失望的眼神，又无法面对红云沉痛的表情。我担心秦明月的未来，但又无能为力，我辗转反侧，彻夜无眠……

过了几天，收到了她的回信：

春天也有落叶的飘零，带着几声叹息，带着一缕哀愁……

我明白，错过了就永远错过了！再也回不到那个美好的日子。叶落了，花谢了，再也站不上那个高耸的枝头。只能随风摇曳，随水而逝。

可是我不甘心，总是渴望着奇迹能出现，明知道要放弃，心却总是隐隐地痛。

我以为我能轻易地忘怀，但闭上眼，悄然落下的泪，让我明白，忘掉一个人真的很难。

爱一个人不一定要拥有，拥有一个人一定要好好地爱。

如果爱，对你是一种伤害，我愿默默地离开，独自一个人带着所有的伤痛，记住该记住的，忘记该忘记的，挥挥手，不带走一片云彩，像飘落的雨，回到自己该回的地方。

不管怎样，我也是幸运的，因为你，我曾经有过眼中的喜悦，曾经有过心中的激动，曾经有过梦中的期盼。我永远也不会忘记，因为我的世界你曾来过，我的生命里曾经有过你！

一遍又一遍读着她的信，我感到爱的无奈，我感谢她的理解。人在这个世上既有感情，更有责任。年轻时，我们不懂得爱，现在懂得了爱，却不能再相爱。既然命运如此安排，我们只能悄然接受，在未来的日子里，默默为对方祈福。

三十二、平　静

一切都是一场空。我原以为我会拥有整个世界，现在才发现我只拥有一身伤痕。苦闷压抑着我，我越来越忧郁，我的人生就将这样度过吗？不能！我不能就此默默地过完一生。我有许多话要说，我有太多的痛苦，我有太多的感触，我要用我的笔表达出来。我拿出珍藏多年的钢笔，它是我考上中专时，老干作为礼物送给我的，当时还送给我一本日记本。在我困苦的时候，有许多好心人帮过我，我非常希望自己有能力报答他们的恩德，也希望能给那些困苦中的孩子一点帮助。

我以邻居的生活为蓝本，写一部小说，这是我第一次写小说，我以前只写过散文，但我踌躇满志，志在必得。我如实地叙述他们的生活，希望从中找到生活的意义。

红云以她的善良，原谅了我的无情；以她的坚韧，埋葬了她的痛苦。我们在一起尽量回避孩子的话题，她又变得温柔、体贴了。看我每天闷闷不乐，也希望我早点从阴影中走出来，因此非常支持我："写吧，写出来有好处。听人说写作能释放郁闷，把心里的话写出来，人就轻松了。"

我每天晚上写，一写几个小时。天气越来越炎热，别人都在外面乘凉，我沉浸在对往事的追忆中，也不觉得热。汗水湿透了背心，我脱下来，打着赤膊继续写。从炎夏到秋凉，几个月，我一口气写了几万字，因为离我的目标越来越近，我并不感到累。

　　我和红云一起乘车，送到省城的一家杂志社，一位年轻的编辑接待了我们。

　　他翻看了前几页，边看边问："你打算反映什么？"

　　我说："生活，我熟悉的生活。"

　　他说："看来你话不多，还蛮内秀。好，留下来我会好好看的。将你的联系地址写上，到时候好通知你。"

　　我留下地址，和红云一起告辞出来。看看蓝天，看看白云，我留下了一片希望。

　　回到家，我一直期盼着有一个好消息。过了一个星期，邮递员送来了一个厚信封。主任正在门卫室，他眯起眼笑着问："是不是退稿？"我写小说除红云外，没告诉任何人，我平时爱写点小东西，所以他才猜疑。我很尴尬，微微一笑，心想这么厚，很可能是退稿。

　　回家我激动地拆开信封，厚厚的一叠稿子呈现在眼前，还附有一张退稿单。我的心一下子凉了，我仔细地将退稿单读了几遍，想从中找出不能发表的原因。

　　看来我的水平离发表还有一段距离，并不是我想写就能写，并不是我有生活，就能恰如其分地把它表现出来，把隐藏在其中的真情实感生动地呈现给读者。我还需要进一步学习，学会怎样把它表达出来。

接连的打击让我清醒下来，我并不是什么天才，我应该像普通人一样踏踏实实地生活，静下心来，不能急于求成，要默默地、不屈不挠地向目标爬去。

作品虽然没能发表，但通过写，我的情绪得到了宣泄，浮躁的心平静下来，让我忘了眼前的痛苦，沉浸在对人生意义的思考中。不论经受多大的痛苦，人总得活下去，因为还有活着的亲人。我渐渐从悲痛中走出来。

平复下来后，我决定再从头学起，遍读世界名著，向中外大师学习，读自己感兴趣的书，通过揣摩他们的作品，掌握写作技巧。莎士比亚、高尔基都没上什么学，但他们能写出传世之作。我现在学习条件好多了，为什么不能写出好作品来呢？有人说好作品是夙命可得，每一个成功的作家，都有一个悲惨的童年。我认为上帝给了我多舛的命运，就是想让我写出一部感天泣地的作品来！

这么多年来，死亡如影相随，痛苦与希望紧紧相缠。我三岁时失去母亲，女儿三岁时，我又失去女儿，难道这都是天意？是上帝对我的惩罚？让我在炼狱中煎熬？让我在烈火中涅槃？我在爱与痛的边缘跳跃，我祈祷扼住命运的咽喉，挣脱出痛苦的深渊；我盼望抓住幸运的缰绳，驰骋在广袤的天际……

我办了借书卡，遇到好书还买来看，我需要积累，需要沉淀。这将是一个漫长的过程，我将潜下心来，苦心修炼。

许多好书陪伴我度过了一个又一个静静的夜晚，它们感动着我、激励着我，我走进了它们的世界，随它们悲欢离合。《简·爱》、《童年·少年·青年》、《正红旗下》、《围城》，我看了一遍又一遍，反复阅读，仔细琢磨，我终于领悟了，它们写的就是作者自己的感受，作者完全沉浸在角色中，难怪巴金说："觉慧就是我!"我找到了自己的突破口，我的心一下子豁然开朗起来，我重新找回了自我。

以前我只有创作的欲望，现在我才具有创作的能力。但同时又发现创作是一个非常艰苦的过程，需要全身心地投入。每天工作下来，筋疲力尽，心里想得蛮好，却无力动笔，只想看看电视轻松一下。春天困，秋天乏，冬天冷，夏天热，很难静下心来找到感觉，好不容易进入状态，又被日常琐事打断，断断续续写得很艰难。正好银行股份制改革，要裁减人员，我找红云商量，辞职专门写作，她坚决反对。

她说："我的收入低，还经常几个月不发工资，一家人靠你生活，如果你不上班，光靠写作还不知道是什么结果。这不现实。亲戚中，就你一人是国企白领，多少人羡慕都来不及，你怎能随便辞职？如果你业余写作，我会支持你，多做些家务，但莫辞职专门写，多少文人饿死了!"

我跟她讲过曹雪芹、朱自清的故事，没想到别的她不记得，这她倒记得清楚。

仔细想想，她说得也有道理。如果我是独自一人，我可下赌注，但拿整个家庭来赌，我做不到，也没有这个权利。

我将我的苦恼告诉易鲲鹏。易鲲鹏自学完本科后，辞去工作专职读研究生，毕业后在大学当老师，实现了他的大学梦。

他说："有困难可以来找我，我会尽力帮你的。但写作是一个艰苦而长期的过程，不能一蹴而就，要不停地写，你的写作能力才会不断提高。作品要沉下心来反复打磨，才能发光出彩。"

我不可能再去给他添麻烦，但他的话，给了我很大的安慰和启发，我强迫自己每天写一点，日积月累地坚持下去。

正在这时红云又怀上了，更需要我安定下来。既然离不开红云，就好好地在一起生活，人生苦短，不能让悔恨与泪水伴我们一生。虽没有言语的承诺，但她看到了我的坚定，感受到了安慰，我们重新燃起新的希望。

我对父亲说："这次不管她生的是男孩还是女孩，你都不要说什么。"

父亲说："我晓得，我再也不说什么了，只要孩子健康就好。"

红云挺着肚子，挽着我的胳膊散步，我们时而交流，时而一句话也不说。在一起时间久了，不必要拥有什么共同的爱好，共同的话题，就算一句话不说，也能感觉到彼此的心意。经历了这么多，我终于明白，只要你欣赏我的优点，我包容你的缺点，多考虑对方的感受，就足以让我们在共同的回忆中，慢慢变老。

我们慢慢地走着、走着……就这样一直走下去。

三十三、结　局

继母离开父亲后与前夫复婚。后来，她儿子考上大学，她高兴地将这个消息告诉张妈，张妈转告了我们。

我为她儿子高兴，也为自己悲伤。她的儿子经过三次复读，第四次才考上大学。如果我的母亲要活着的话，我可能也会如此幸运，最起码能有复读的机会。可母亲因为舍不得两角钱而丢了性命，由此改变了我的命运，影响了我的一生。

但我一定会努力，一定让母亲也为我感到自豪。

再后来继母偷偷来看过父亲。听张妈讲，她在家门口转悠，希望能碰见父亲，想看看父亲生活得怎么样。

父亲说："也许她年纪大了，良心发现，觉得困难的时候还是我拉了她一把，我们吴家对她还是有功的。"

第二天早晨起来，我发现父亲站在楼道的窗户前。

我问他："你站在这里干什么？"

他说："昨晚上梦见了你妈妈，她叫我去，我的心痛起来，怎么也睡不着，起来一直站在这里，想从窗子里跳下去。"

我想他可能是受到了继母的刺激，老毛病发作了。小时候，我并没有害怕的记忆，现在看父亲这样，我真害怕他会出事。这么多年，父亲从未像现在这样过，哪怕是闹离婚的那段艰难岁月，这次继母的再次出现，勾起了他对往事的回忆，那是一段无法释怀的记忆呀！

我一边劝说，一边将父亲牵到人民医院。一位老专家说，这病没有特效药，你只要能让他睡眠就行了。他开了几粒安眠药，每晚喝一粒。临走时，他说："老头子，你没病，回去好好睡一觉就好了！"

我牵着父亲回家，父亲说他头疼，要喝补脑的药，我买了几盒人生蜂王浆。

父亲喝了几天药，渐渐能睡了。开始是几小时，后来越来越长，慢慢正常了。我停了安眠药，只让他喝人生蜂王浆。不知这东西有没有补脑的作用，但起码对他是一个精神依托。

父亲病好后，就主动说自己要戒烟。他说，现在条件好了，既有社保又有医保，他想多活几年。我只当他是说着玩的，抽了几十年的烟，最高峰是每天三包，以后能少抽点，我认为就不错了。没想到他真的戒了。他开始买点糖果、花生，烟瘾犯了，就吃零食，后来连零食也不吃了，彻底戒了。

父亲说："人要有毅力，我能从那么大的悲痛中走出来，靠的就是毅力。我一旦下定决心戒烟，就一定要戒掉。"

大虎长大后成为一个很帅的小伙，但他总蓄着长发，带领一帮人斗殴、赌博。在争夺建筑工地的械斗中，大虎砍伤对手，对手又来了更多的人，将大虎团团围在中央乱砍，大虎抱头蹲在地上，后背被砍开一条条口子，一只手腕也被砍断，住了很长时间的院。还因重伤他人被判刑七年。

其实，大虎很聪明，我为他惋惜。

清梅和二狗后来去北京做生意，开了工厂，买了房子和车子。现在一家人定居在北京。

他们没什么文化，人也很实在，但他们没什么顾忌，凭借自己的踏实肯干，一步一步走向成功。我祝福他们，特别是清梅，她如果跟了我，肯定不会这么成功。

害死妹妹的杨局长之子，婚后他的妻子开舞厅，他在里面染上毒瘾，骨瘦如柴。离婚时，他们在银行取出卖舞厅的十万元钱，搁在柜台上，一摞五万。他一声不吭地拿走一摞，妻子痛骂他："要钱不要脸！"

如果妹妹能看到他的今天，该会多么痛悔自己的轻率啊！

银行主任非要发放一笔不合规贷款，我坚决抵制，不办理手续。他绕过我，直接到支行放款。后因受贿，被检察院带走。

他总说我是"井底之蛙"，不明白外面的世界，为人太耿直，不懂得变通，难以共事。造成了许多人对我的误解。但我不想辩白，一直默默地干着自己该干的事，我相信迟早人们是会理解的，我不会改变我的原则。

朱宏伟五次复读，仍未考上大学。他至今仍剪着学生头，背着小书包，穿着运动鞋，在街上走来走去，口中常常含混不清的，不知念叨些什么。我看着他，想同他说话。他眼睛木然地看着我，好像不认识。

我想如果我的内心不够坚强，如果没有亲人们的劝诫，当年也许我会像他一样，钻进死胡同，至今也浪迹街头。

大个子公司破产后，到南方打工，长年不在家。我经常去看望他的母亲。她非常想念她的独生子，讲着讲着就落泪，引起我许多感慨。小时候我到她家里玩，她问起我的母亲，我伤心地说早不在了，她说一声造孽，我眼泪"哗哗"地往外流，抽噎得说不出话来。

大个子忠厚老实，高中毕业后就接班，文化基础不好，又没什么特长，现在只有四处打临工，生活得非常艰辛。

易鲲鹏又辞去教职，自由写作，出版了许多著作。

易鲲鹏敢想敢干，为理想不顾一切地往前冲，他所做的都是我想做而不敢做的。我多么希望自己也有勇气像他一样，勇敢地追求自己的梦想。可我不能这样，自从母亲去世，一切就已注定，今生我将永远无法远行。

他的精神一直激励着我，我要像蚂蚁一样不停地向目标爬去。

姑姑说我不要读死书、死读书，要认识社会，适应社会。我听不进去，始终认为只有读书才是正途，通过知识获得成功，才是真正的成功。到现在才发现，这的确是一条异常艰辛的路，它要付出比常人更多的努力，需要更长久的等待，需要更坚韧的毅力。文能穷人，许多文人至死都穷困潦倒。但我不后悔，因为我追求过、快乐过！大师们让我走进了他们的世界，领略了不一样的风景，获得了心灵的愉悦！

生活是一杯苦酒，只有尝过，才会懂得什么是苦涩。

面对浮躁的现实，我常常静静地躲开，就像小时候一样，一直沉到水底，倾听心灵的声音。

如果问我有何遗憾。我会说，我的遗憾太多了！但最大的遗憾，却是我的祖母，我没能力让她安享晚年。她含辛茹苦地将我带大，我却没能让她好好地享一天福，没能好好地伺候她一天。"子欲养而亲不待"，这才是永远无法弥补的遗憾！可惜年轻时我不懂，现在才明白过来。其他任何东西都可以通过努力去争取，通过时间去忘却，当年寻死觅活的心情，物过境迁，只留下淡淡的回味。可亲情，逝去的亲情，是再也无法挽回的！人生最大的幸福，莫过于当你有能力报恩的时候，你的恩人还健在。此生最高的奖赏，就是祖母的微笑，可惜我再也得不到了！当幸福在身边时，我们往往视而不见，不懂得珍惜，一旦失去，才懂得它的珍贵。如果再给我机会，我一定会好好珍惜的，绝不会让自己留下终生的遗憾！

人生是一份长久的考卷，你必须走好每一步，它不可能让你重复再考。珍惜你所走的每一步，珍重你身边的每一人，因为人生只有一次，过去了，就永远不会再来！